世界伟人传记

爱迪生

Edison

陈文清 编写

陕西出版传媒集团
陕西人民出版社

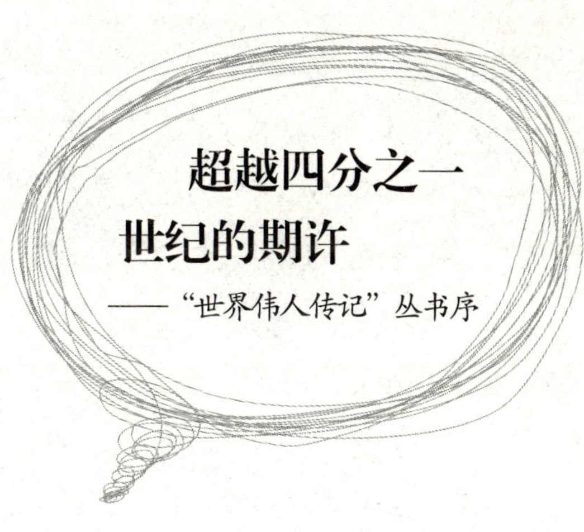

超越四分之一世纪的期许

——“世界伟人传记”丛书序

早于四分之一世纪前的一个黄昏，有一群中年人和青年人会聚在东方出版社已故创办人游弥坚先生的家里，听取游先生语重心长的谈话。当时台湾的经济情况远不如今日，但已然有萌芽起飞的征兆。社会民生的物质生活，显见较有长足的进展；但是精神生活的提升，则颇嫌步调缓慢。以出版界而言，纸张印刷既不能与今日比，而出版社也寥寥可数，成人的刊物虽然有一些，但少年读物则十分贫乏。游弥坚先生有鉴于此，想要为少年男女编纂一些健康有益的优良读物。他的构想分两方面：一方面要从世界文学名著之中整理出一套可供少年阅读的《世界少年文学选集》，同时也配合出版适宜少年阅读的“世界伟人传记”。那个黄昏会聚在游先生家里的中年人和青年人，便是一群从台湾各地挑选出来担任执笔者。当时还在台大中文研究所读书的我，便是其中之一。虽然，那个黄昏距离现在已超过四分之一世纪的遥远，我仍然不能忘记游先生对于少年读者的关怀，也还记得大家曾经多么热烈地交换意见和互相鼓励的情况！

对于当时的中小学生而言，课外的娱乐活动种类极少，而可供他们课外阅读的书籍更是几乎没有。游先生的这两大套书的出版构想，可说是跨时代的高瞻远瞩。我们讨论到如何分配工作，也商量怎样在分工合作的情况之下，尽量达成异中有同的终极目标。

精选出来的二十多位世界伟人，完全是基于客观公正的立场，所以兼容古今中外，并没有特别强调民族本位的色彩，从教育、文学、科学、政治及艺术等各部门选出最受世人崇仰敬爱的伟大人物。每一位人物的生长背景各不相同，而他们在一生之中所表现的奋斗过程与不折不挠的精神，则是异中有同的。但是为了顾及少年读者阅读的兴趣，这些传记都避免正面冗长的说教性叙述，而多从日常生活富于启发性的小故事来传达伟人所以成功的道理；尤其是着重在他们年少时代的生活特征，以诱发少年读者们的共鸣，希望我们的少男少女在课外阅读这些趣味性浓厚而立意严肃的世界伟人传记时，能够于不知不觉之中领悟到做人处世的高尚理想。

这一套书中随处出现的精美生动的插图，乃是以图辅文，借以达到图文并茂的目的。每一个伟人传记的文后，都附有简单的年谱，让读者能够从中再度温习伟人的重要事迹。

自有“世界伟人传记”丛书的编纂构想以来，已经历了四分之一世纪的时间。这期间无论社会或个人都发生过种种变化，当初主其事的游弥坚先生已经作古，当初执笔撰写参与其事的人，也多四处星散，但是这一套书却一直流传下来，成为最受少年男女欢迎的课外读物之一。这么多年来，许多年少时读过这套书的人，也已经长大成人各奔前程。想到这些，我如今执笔为这一套丛书写序时，心中充满了感慨与感动。现在，我衷心希望无论过去与未来阅读这套书的人，都能深刻铭记编撰人的苦心，从伟人们的传记中汲取崇高的人生哲理。

林文月

爱迪生·序言

小学时代被讥为低能儿的爱迪生，长大后竟对人类的文明有很伟大的贡献，像电灯、电话、电信、电车、留声机、电影、收音机等一千多种发明，完全是凭着超人的研究精神、恒心以及不屈不挠的努力而成功的。

“有恒为成功之本”“有志者事竟成”这两句话，从爱迪生的研究过程看起来，我们更应该相信它的正确性了。

读完这本书的少年朋友们，希望你们能学习爱迪生，用大无畏的精神去克服所有的困难。这样，将来你们不但有辉煌的成就，而且对国家、社会，甚至对全人类也会有更伟大的贡献呢！

编　者

目录

卖报的孩子

流浪的报务员

青年发明家

光辉照耀天下

发明家之路

服务社会

晚年的大发明家

卖报的孩子

MAIBAO DE HAIZI

所有伟大的事业，都始于小处着眼。

飞上天空的愿望

有一年的春天，在美国有两个男孩子背对着和煦的阳光，蹲在草地上。

“喂，米卡，是不是有一种奇妙的感觉？”

发问的是一个脑袋瓜大大的少年，瞪着灵活的眼睛发问。

“嗯，真有点奇怪。”一个有点傻里傻气的孩子这样回答。

“是不是有身体要浮起来的那种感觉呢？”

“不，我觉得很想吐哩！”

说这话的孩子脸色发青，显得很痛苦的样子。

“哎哟，好疼哟，好疼哟……”

不久，他两手摁着肚子，在地上打滚，并放声大哭。

少年的母亲听到喊叫声，立刻从家里跑了出来。

“阿尔，到底是怎么一回事呀！”

阿尔疑惑地站起来，抬头望着他的母亲，眼睛里仍然充满了好奇的眼光。

“我正在做实验呢！是实验人的身体能不能浮到空中去。”

“什么？浮到空中？”

“是啊。‘沸腾散’不是会产生气体吗？体内充满了气体以后，米卡自然就会……”

“什么？‘沸腾散’？你究竟给他喝了多少呀？”

“这么多。”

少年伸出双手，翻开手掌，比画着给母亲看。

“哟，这么多呀！……可怜的米卡会死掉哟！”

她急忙把在地上打滚哭叫的孩子抱进屋里，并派人去请医生。这一下子，把家里弄得天翻地覆。

“这小鬼真使人伤脑筋，老是恶作剧！”

这一天晚上，阿尔被带到曾祖父时留下来的古老大钟下面，挨了三十五下鞭子。

阿尔虽然被父亲狠狠地打了一顿，但他并没有哭，他一面数着鞭打的次数，一面心里想着：

“这又不能怪我，都是米卡不好。那个家伙一点也不能忍耐，实验好不容易要成功了，却在中途告吹了。”

这个“沸腾散”事件，并非是单纯的少年恶作剧。从这儿可以看出他的个性，他是无论什么事，不经过亲手实验、亲眼观察，就不能算数。

就因为这种个性，使这个挨打的少年终于成为世界上最伟大的发明家。

阿尔的鹅蛋

阿尔的祖先原是荷兰人，于公元一七二八年移民到美国。不过，在他祖父那一代，有一个时期曾移居加拿大。当时的加拿大正酝酿着革命运动，要像美国一样脱离英国，建立共和国。

爱迪生的祖先身体都很强健，他的父亲萨姆尔也一样有着强健的身体，精力非常旺盛，他曾经参加革命运动，并身为领袖之一，到处奔走活动。但因为攻击总督府，建立国民政府的计划败露，只得越过国境，逃到美国俄亥俄州。

他留在加拿大的财产全部被政府没收了，因此当他定居在伊利湖畔的米兰村时，已经身无分文，可是萨姆尔一点也不气馁。

当时的米兰，是世界著名的小麦集散地，所以很繁荣。萨姆尔便在这里经营天花板制造厂，生意日渐兴隆，不久就雇用了五六个工人，规模越来越大。

托马斯·阿尔发·爱迪生就在一八四七年二月十一日一个风

雪交加的凌晨三点钟诞生。

“你看，这孩子多么可爱！和他的母亲一模一样。”

萨姆尔高兴地抱着婴儿，跑到街上向邻人夸耀。

那时，他的父亲已经四十三岁了，母亲也已三十七岁。由于是上了年纪后才生的儿子，所以，这个大眼睛、大脑袋的婴儿，格外被人疼爱，大家都叫他“阿尔”。

可是他长大后，却成了使家人伤透脑筋的孩子。不管什么事，他老是问长问短的，真是麻烦透了。

当黛妮摔破茶杯的时候，他会问：

“姐姐，茶杯掉在地上，怎么就会破了呢？”

维廉捉到了蜻蜓，他也会问：

“哥哥，蜻蜓的眼睛为什么长在头顶上呢？”

因为他的问题太多了，维廉感到不耐烦，便告诉他说：

“那我也不知道呀。”

他就跟着问：

“为什么不知道呢？”真是问得使人没法子回答。

其实，对于阿尔来说，这个世界，真是充满了数不清的奇异事物。家里面的事物不能满足他的好奇心时，他便到外面去寻找奇异的事。穿过院子，在河边有一个造船厂，木料上面经常散放着锯子、斧头、刨子等各种用具，阿尔就一样一样地拿起来向工人提出各种不同的问题。

因为他所问的都是些很奇特的问题，人们常望着阿尔那不大相称的身体说：

“这个孩子一定是不太正常，据说头部特别大是白痴的征兆。”

阿尔对于大人的答复，感到不能满意的时候，就自己去实验。

他五岁的时候，有一天看见母鹅在孵蛋，便好奇地问妈妈：

“妈妈，那只母鹅怎么老是趴在那儿？”

“它要帮那些蛋加温呀！”

“为什么要加温呢！”

“它要孵蛋啊。”

“孵蛋？”

“蛋孵了以后，小鹅就会从蛋里出来，鹅都是这样生出来的。”

“那么，给鹅蛋加温，就会生出小鹅来，是吗？”

“是啊。”

“嗯，多奇怪！”

隔了四五天，家里的人发现阿尔煞有介事地，独自坐在木料房的旁边。

“阿尔，你在干什么呀？”

阿尔被父亲这么一叫，便回答道：

“我正在孵蛋呢。”

这件事情就被称为“阿尔的鹅蛋”，从此成为家人谈笑的话题。

巴倍尔塔

新时代的潮流也逐渐入侵米兰这个小镇。马车与运河的时代已渐消逝，继之而来的是铁路与轮船的时代。

但是，米兰镇的运河公司，唯恐公司的营业会受铁路影响，所以极力反对在镇上铺设铁路。原来以米兰为集散中心的谷物，因而转移到其他的铁路中心去。以往运载谷物的车队，总是绵延两三公里长，如今已变成时断时续。林立在运河上的船桅，也逐渐地减少了。

萨姆尔见到局势的这种转变，认为米兰已经没多大发展，便结束天花板的经营，毫无留恋地离开米兰，搬到密歇根州的休伦港，这时阿尔才六岁。

他在休伦港做粮食生意，并兼营木材业。当地交易的主要特产，是从休伦港附近的森林砍伐的木材。萨姆尔就和当地的实业家合伙，设立了木材公司，经营得相当不错。

从他们在休伦港的家里，可以俯瞰圣克利亚河的松树林。那是一栋殖民地式的红砖建筑，共有二十个房间，客厅装有大火炉，后面有佣人房和马车房，并拥有十英亩大的果树园。每年春天一到，桃花就会含娇地开满树。到了秋天，葡萄架上也都结满一颗颗水晶般剔透的葡萄。萨姆尔就在这个院子里，建立了著名的“爱迪生的巴倍尔塔”（巴倍尔塔是引用《圣经》里所提及的一个高塔）。这个木造的塔，高约三十米，走完螺旋形的阶梯到达顶端，可以将休伦湖以及远近的景色尽收眼底。

阿尔被父亲吩咐去散发传单。传单上是这样写的：

美国第一高塔——在塔上可以看到世界各个角落

开放供游客参观，门票仅收二角五分

在塔的顶端，父亲装置了一个望远镜，并命阿尔担任管理员。在最初的两个月里，门票的收入仅有三块钱。后来，由于铁路局的大力宣传，游览休伦湖的游客便与日俱增，爬上这个“美国第一高塔”的游客人数，很快就达六百人之多了。

但是不久，游客却又减少了。于是，萨姆尔就把票价减低为一角，想借此吸引游客，但结果还是一样。

这并不是由于门票太贵，而是因为巴倍尔塔原是萨姆尔请邻居帮忙建成的，所以很简陋，经风一吹就会摆动，那些胆小的游客爬到中途就因害怕而折返。这个高塔，最后变成了阿尔和米卡两人的游玩场所。这个时候，阿尔比以前更加顽皮了。

有一次，他想替一个朋友切断风筝线，就把家里的斧头拿来，一不小心，竟然砍断了自己的手指头。还有一次，他在库房里面玩火，险些被烧死。后来，家人问他为什么要玩那些危险的把戏，他回答说，他很想知道点了火，会发生什么样的情况。

不久，阿尔也到了上学的年龄。

低能儿童

阿尔进学校只有三个月，学校当局便请他的家长到学校谈话。因为阿尔经常提出一些古怪的问题，使老师难以应付，所以这一次，他的母亲等于被学校当局给训了一顿。

母亲南丝回到家里，便立刻把阿尔喊来。她的表情显得很严肃。

“阿尔，今天我要跟你谈有关你一生的事情，你要注意听着。”

“是的。”

这个少年垂手立正，很温顺地回答。

“你在学校的成绩不太好吧？那是为什么呢？”

“我也不晓得为什么。”

“你在班上的名次是第几名？”

“倒数第一名。”

“这样你不认为是耻辱吗？”

阿尔仰起了脸，理直气壮地回答说：

“我并不觉得可耻，我倒觉得很不服气呢。因为……”

“因为什么？”

“因为，我想知道的事情，老师一点都不教，尽教那些我已经知道了的事情。”

他母亲听了他这番回答，脸上立刻浮起了笑容。

“那就好了。妈妈不会骂你的。说实话，阿尔，妈妈今天被老师找去谈过话了。”

“嗯！”

“老师说你是一个低能儿童。”

“低能儿童？”

阿尔愣了一下，抬起头直望着母亲。母亲又恢复严肃的表情，明白地说：

“是的，老师说你是低能儿童。可是，妈妈并不这么想。相反地，我却认为你具有别人所没有的天赋。我看你是不喜欢上学吧？”

“嗯。”阿尔不好意思地这么回答。

“那么，从明天起，你就不要再上学了。”

“真的吗？”

对于这个意外的吩咐，阿尔感到十分惊讶。母亲继续说：

“妈妈今天跟老师说好了。假如学校认为你是低能儿童，学校无法教育，我就在家里好好地教育你。不过，妈妈今天要你答应我一件事。”

“好的，什么事？您说吧！”

“妈妈已经下定决心。无论如何，我一定要使你成为一个伟大的人物。我要尽全力来教育你，非把你教育成世界上第一流的人物不可。你能答应我用心学习吗？”

“妈妈，我答应您一定要做一个伟人。”阿尔流着眼泪，大声嚷着。

“不管别人怎么说，我们可以不理他。只是今天所说的话，你可别忘记，你一定要做一个伟人。”

“是的，我一定要成为世界上第一流的伟人。”

于是，母子俩紧紧握着手。就在这几分钟的沉默里，爱迪生的一生便决定了。

少年科学家

爱迪生就这样，只上了三个月便退学了。他一生中受过的学校教育，全部时间也只有三个月。

从母亲训诫后的那天起，爱迪生更加用功了。他不分昼夜，手不释卷的勤勉用功。

傍晚时分，在他家屋前的一个宽阔露台上，时常可以看到他们母子俩并肩坐在那里读书。

“你听着，妈妈把今天的功课再念一遍。”

阿尔很喜欢倾听母亲的朗诵，因为那是有美感、柔和而清脆的声调。

他的母亲年轻的时候曾在学校教过书，所以教得很好。有这么一位卓越的母亲，阿尔的一生实在是幸运极了。她决心将他从低能儿童训练成天才。

他的学业一天天进步。十二岁的时候，已经看完了吉本的《罗马帝国衰亡史》、休谟的《英国史》、西亚的《世界史》以及巴顿的《科学辞典》等等深奥的书籍。阿尔都能很仔细地把这些书读完，较长的句子和难懂的地方，他也都能全部了解。

“牛顿在学校的时候，是一个曾留过级的学生；瓦特也是个笨学生。一个人，不管他成绩怎么差，只要肯用功，总会有成就的！”

以前父亲常取笑他，说他是傻瓜、低能，如今，看他有了这样好的成绩，也开始关心起来了，并常为他加油、鼓励。

爱迪生的学业，一天天在进步，但只有数学这一门是他最感棘手的。伟大的爱迪生，在他的一生当中始终都没有把它学好。就是成了大发明家以后，如遇到繁难的计算问题，他也是都把它交给专家去做。

爱迪生曾说过这样的笑话：“我能雇用数学家，但是数学家却不能雇用我。”

没有一个人是万能的。爱迪生成功的秘诀，就是能尽量发挥自己的长处，以补自己的短处。并且，一旦开始做一件事情，就非把它完成不可。他这种热诚与毅力，为他带来日后成功的保证。

引起爱迪生对科学的热衷，是派克的《教科用哲学》这本书。他从这本书学到了物理化学的概要后，便掀起他那非经实验就不能算数的脾气。

他把所有的零用钱都拿去买药品，回来后便关在地下室里开始实验。他把地下室称为“爱迪生研究所”，一旦进去以后，非两三个小时是不会出来的。

有一天，母亲感到很好奇，便趁阿尔不在的时候，偷偷地跑到地下室一看，不由得叫了起来。

原来地下室的木架上挤了两百多个药瓶子，全部贴着“毒药”的标志，以防止他人乱动。桌子上横七竖八地放着试管，蓝色的液体痕迹，从桌子上流到地板上。椅背上挂着几块破布，地上则散布着木屑、铁屑。

“阿尔，你到底在地下室做些什么呀？以后不许你再胡搞。”

母亲见了阿尔就训了他一顿。

阿尔看见母亲生气的样子，显得很颓丧，望了望母亲，然后自言自语：

“我想要做世界上第一流的伟人啊！”

母亲听了，不禁一愣。没想到十一岁的少年，还记得那天的誓言呢！

“不，阿尔，妈妈并不是要你停止实验，只是不能那样子做。你能再答应我一次吗？”

“好的。”

“你能把地下室打扫干净，把药瓶子和试管放得整整齐齐吗？”

“可以。”

“去买一把锁，当你不在的时候，把地下室锁起来，不让别人进去。你做得到吗？”

“我会做到的。”

“那就好了，你可不要忘记，照着刚才所说的去做吧。不然，我就收回实验室。你现在可以到实验室去了。”

“谢谢您，妈妈。”

母亲含着眼泪，望着跑进地下室的爱迪生背影。

火车上的报童

一年后的一个早晨，阿尔忽然对母亲说："妈，我想去卖报纸，好不好？"

母亲南丝听了吓了一大跳，认为在家里有得吃有得穿，怎么会想到要去做报童？

"我给你的零用钱并不少啊！"父亲听了也很生气。

况且在阿尔以后出生的伊丽莎，还没来得及过圣诞节，便死去了。再后来的萨姆尔，也养到三岁就夭折了。卡莱儿也在六岁的时候，被埋葬在二月的雪地下。当时的铁路又时常出事，可爱的阿尔万一再出什么事，那可怎么办呢？

"不过，你还小呀！"

"不，我已经十二岁了，有很多比我小的孩子都去当报童哩！妈，我很想独立生活。"

"独立？"

“是的，我曾在书本上读过，独立与自由是美国立国的精神。我想去当报童，用自己赚来的钱去买实验材料，还可以免费读报纸杂志。”

爱迪生拼命地要说服母亲，他的真挚和热诚感动了母亲，终于得到了母亲的允许。

他兴奋地跑到铁路公司，也顺利地获得了在火车上卖报的许可。

“我已经不再是小孩子了，从今天起，我就是一个独立的大人了。”

从休伦港到底特律有一百公里。火车在每天早晨七点开出，当天晚上九点半回来。阿尔在这班火车上做了几个月的报童后，便在休伦港开了两家店铺。一家专卖杂志，另一家卖蔬菜、奶油和水果等。他雇用了两个少年帮忙看店，并约定和他们分享红利。

不久，铁路公司增加了一班快车，阿尔便派了一个报童随车贩卖。并且，从底特律的市场采买两大篓的蔬菜，用邮车送回休伦港，由负责蔬菜店的少年接收贩卖。那些蔬菜比当地的菜好，而且也便宜，所以销路很好。

就这样，一个十二岁的报童，不知不觉已经变成一个“少年资本家”了。看来，阿尔以后似乎会成为实业家，而不是发明家，但其实他的目的并不只是在赚钱。

当时曾替他主持那家蔬菜店的少年，后来回忆说：

“阿尔有着中等身材和棕色的头发。他是一个性情温和的少年，他只要一工作起来，总是废寝忘食地干。

“他总是买最便宜的衣服穿，一直穿到破烂不堪的地步，才换新的。他会经常保持衬衫的干净，却很少梳头发，皮鞋也从来不擦。

“孩子们大部分都很喜欢钱，但阿尔却对于金钱毫不关心。我卖菜的收入，一天约有八块到十块钱，其中大约一半是红利。当我把这笔钱交给他的时候，他总是满不在乎地塞进口袋里。有一次，我请他点一点数目，他却回答说：‘用不着点，没有关系的。’这位小雇主很慷慨，常约我去吃中饭，每次都由他付钱。他很喜欢听笑话，但似乎时时刻刻都在作研究，别的孩子在谈论的事，他总不大去理会。他衣服的口袋常带着书，看他的样子，好像老是在思索着什么事情似的。”

由这一段话里，我们可以大致了解爱迪生的为人。

车上研究所

当时的火车，从休伦港到底特律，需要三小时的时间，约在上午十点到达底特律。从这时候到下午六点这段时间，是爱迪生自由读书的时间。

底特律城有一座用石头建造的大图书馆。少年爱迪生曾在那里，怀着兴奋的心情，看过很多书籍。

有一位绅士注意到这个热心的少年，便问道：

“我看你每天都到这里来。你到底已经读了多少书？”

“我已经读了五米。”

听到他这种奇特的回答，这位绅士竟忍不住笑出声来。

“哈哈，真是有趣的读书法。不过，那是不对的。”

“为什么？”

“你如果要真正的读书，先要确立目标，然后再去选择应读的书。”

起初，阿尔打算把图书馆的书，从头到尾读完。听了这位绅士的指点后，他便有所领悟，开始改变读书的方法。

“先确立一个目标，然后向着这个目标迈进！”便成为爱迪生一生的座右铭了。

爱迪生每天乘坐的列车，是由抽烟车厢、客车、货车这三种车辆连接组合而成。货车又分隔成包裹房、邮件房，另外有一部分总是空着没有用，爱迪生便把报纸、糖果这类东西放在这个空房里。

不久，爱迪生想出了一个主意。一天早晨，他去见车上的管理员。

“伯伯，请您让我在那个空房间里读书，并允许放我一些药品试管等，好吗？”

“好的。”管理员爽快地答应了爱迪生的请求。

慢慢的，爱迪生把实验的材料都搬进了那个房间里。于是，他所谓的“爱迪生研究所”，就从地下室迁移到火车上来了。这或许就是世界上最早的一个车上研究所了。

爱迪生就这样，一面赚钱，一面努力读书。他有时候，一天能赚到八块到十块钱。他每天都拿出一块钱交给母亲，作为一天的伙食费。

这位可爱的少年发明家，为自己能够独立，感到很得意。

他常把剩余的钱拿来作为实验费。底特律的街上常可买到在休伦港买不到的药品，当爱迪生买到那些药品的时候，总会高兴得手舞足蹈。

淘气的少年

有一天，爱迪生在街上遇到一个手指关节发肿的人，便很热心地跑过去问他：

“伯伯，你的手怎么啦？”

“嗯，我也不知道呀！”

“那医生是怎么说的呢？”

“有各种不同的说法，归纳起来大概是关节炎。”

“关节炎？”

“嗯，好像是关节里积留了许多尿酸。”

“那为什么不把它去掉呢？”

“就是不知道怎样才能去掉呀。”

“为什么不知道呢？”

“据说是没有溶解尿酸的药品。”

爱迪生回到了实验室，立刻取出几十支放着各种药水的试管，把尿酸的结晶丢进试管里。两天以后，他发现尿酸可以在某两种药品里面溶化，其中的四乙基氨，现在还被用来治疗关节炎及其他病症。

阿尔的实验精神，是大人也比不上的，但他毕竟还是个十四五岁的少年，有时也会做出天真无邪的恶作剧，因而吃到苦头。

从火车站到他家的途中，有一处茂密的森林。南北战争开始以后，有一连义勇兵就驻扎在森林里的格雷秀城，每晚都可以听到“第一守卫班长”的叫声，从这一步哨传到另一步哨，一直传到营房，这时第一守卫的班长就要出来查巡。

“喂，米卡，我们也来玩一玩吧！”

一个晚上，从火车站的归途中，阿尔向米卡说。

“做什么？”

“就是那第一守卫班长呀！快要开始了。”

“不过，假如被发现了，那可不得了啊！”

“不要紧，我们来吧！”

那天刚好是个有月亮的夜晚，阿尔就学着士兵的声音大叫“第一守卫班长”。

第二步哨以为那是第一步哨喊的，于是就传给第三步哨，这样一直传下去。

结果，班长走了约一公里路，才发觉这是一次恶作剧。

“很好玩吧？”

“嗯。”

“明天晚上我们再来玩吧！”

他们两人觉得很好玩，连续喊了三个晚上。但是，就在第三个晚上，部队早已派人在附近守候着他们。笨拙的米卡一下子就被人给捉到了，关在城堡的监牢里。阿尔便拼命地跑回家去，藏到地下室里。他一看墙角有三个包装着马铃薯的麻袋，其中两包几乎是空的，阿尔就把这包仅有的马铃薯倒了出来，分装进那两个麻袋里，然后很快地就钻进空麻袋里。

不久，从地下室的门口传来了脚步声。父亲提着灯笼先走进来，后头跟着班长。

“我明明看见他跑进这地下室里来的。”

“是吗？你确定没错吗？要是跑到这里面来，他是跑不掉的，我们来搜查吧！”

他们俩利用灯光，在地下室里面到处寻找。阿尔躲在空麻袋里面，一点也不敢作声。

“真奇怪。我明明看到他跑进这儿来的，这个地下室是不是有秘密的地方可以躲藏？”

“没有，要是有的话，你一定可以看得出来的。”

“哼，真怪！”

他们又在地下室的各个角落寻找了一番，终于放弃希望，走

开了。

“咳，好险呀！”阿尔这才由麻袋里爬出来，松了一口气。因为他躲在麻袋里，弄得腰酸背痛，而且袋子里的一些马铃薯已经腐烂了，臭味熏得他忍不住要作呕。

第二天早晨，阿尔还躲在棉被里，便被父亲拉出来打了一顿。所幸的是，部队没有再来找他的麻烦，米卡也在第二天被释放了。

报童的冒险事业

当时的美国社会，举国关心的大问题，当然要属南北战争了。

尤其是一八六二年四月，西罗的一役。这次战役，是由格兰特、谢曼两位将军亲自出征，死伤了两万五千人，钟斯顿将军也在战争中阵亡。

一天，爱迪生在图书馆看书看累了，就到底特律的街上去散步，调剂一下精神。他走到报馆门前，看见很多人围在那里看报纸，疯狂地讨论报上的内容。

爱迪生愣了一下。他并不是因看到报纸上的新闻感到惊讶，而是群众的疯狂，在他的脑海里激起一股闪电般的念头。

“把这个新闻贴在各车站，一定会掀起火样的热潮，买报纸的人必定会突增。”

想到这里，爱迪生便马上跑步到了车站的电报室，找他认识的报务员。

“请你把西罗的消息拍到各站去，请他们张贴出来好吗？像这样的大事件，应该让民众早些知道。”说完，他又跑到底特律自由新闻社。

爱迪生心想平时只能卖一百份报纸，今天一定可以卖到一千份。不过，爱迪生没有买一千份报纸的本钱，他只好凭着傻劲去和报馆交涉。爱迪生先到营业部，对其中一个人说：

“今天的报纸，请给我一千份，好吗？”

“一千份？要那么多做什么？”

“要卖啊。可是，我的现款只够买三百份。”

营业部的人爱理不理地说道：

“我们报馆谢绝一切赊账。”

阿尔失望地走出营业部，歪着大脑袋考虑了一会儿，又跑到楼上去。推开主笔的门走进去，看见一个瘦高、黑头发的男人，正趴在桌上写稿。

“你有什么事？”

“我是在火车上贩卖贵报的报童，今天我想拿一千份……”他便把他的计划向这位先生说明。

主笔听了笑着说：

“你的想法很不错。好吧，你去试试看，祝你成功。你拿着这张条子到营业部去吧！”

他在纸条上写了几个字就递给阿尔了。阿尔高兴地拿着字条，蹦蹦跳跳地跑下楼梯，顺利地领到了一千份报纸，并请其他人帮忙，把一大堆报纸搬到火车上去。

下一站是叫作尤迪加的一个小站，平时只能卖掉两份报纸。但是，火车快到车站的时候，爱迪生就看到一大堆群众等着买报纸，他的方法果然生效了。

火车一到，群众就一拥而上地来买报纸，爱迪生被挤在人群里，好不容易才回到车上来，他在短短时间内就已经卖了三十五份报纸。

“不得了啦，看情形，一千份恐怕也不够卖的。”

果然，当他回到家里时，一千份报纸，已经全部卖光了。

所有伟大事业的成功，最主要的是要能从小处着眼。由于“预先发布消息”这个小念头，爱迪生便在短短的时间内，挣了一大笔钱。但这笔钱并没有被他随便用掉，他把这些钱用来买他垂涎已久的实验器具。

自任报社社长

爱迪生的“车上研究所”现在更完备了，但他并不因此而感到满足。

底特律市有一家杂货店，店名叫作罗伊斯，爱迪生常在这一家买糖果、花生米和水果等。有一天，爱迪生在这家店里看到一部奇怪的机械，便很好奇地问：

“伯伯，这是什么呀？”

“哦，那是印刷机。”

“您这里也卖印刷机吗？”

“因为房客付不出房租，我就把它搬回来，放在这里也没有用处，真是伤脑筋哩！”

“哦，原来如此。”

一向喜欢机器的爱迪生，不禁爱怜地摸着那部印刷机。

“伯伯，这部机器您想不想卖呢？”

“有人买吗？”

“卖给我吧。”

“你？你要的话，我可以很便宜的卖给你。”

爱迪生用很便宜的价钱，买到了那部小型印刷机后，就把它搬进他的“车上研究所”，微笑地跟车上的管理员说：

“现在，我要开始发行报纸了。”

他并不是开玩笑。不久，一种叫作《先锋周刊》的小型报纸，真的开始在火车上发行了。

对于爱迪生来说，操作那部印刷机是件轻而易举的事。而且，他可以利用铁路电报，早些获得消息。有时，他还能取得其他报纸所没有的独家消息，所以很受读者喜爱。

这份小型报纸，目前世界上仅留存一份，用镜框裱着，由爱迪生的家人珍重地保存着。那确实是一份相当讲究的报纸，曾有一位英国著名的技师史蒂文生，佩服地对他说：

“年仅十五岁的少年，竟有这样的成就，真是了不起。就算年纪比你大的人来做编辑，恐怕也不能做得这样好。”

爱迪生把他自己的报纸，连同其他报纸一起卖，他自己的一份卖三分钱，一个月订费是七毛钱，第一个月大约销了四百份。

爱迪生从此不再是个小报童了，他除了自任社长以外，并兼任采访、编辑、校对、撰述以及印刷、卖报等全部工作。在世界上，像这样的报纸恐怕是很少有的吧。

爱迪生原就喜欢电报机，尤其和一个叫狄克的朋友一起去参观电信局以后，他对电报的兴趣，就更加浓厚了。

“狄克，我们两个人来做电报机，互相通信吧。”

归途中，急性子的两个人就已经约好了。

不论清晨或者是半夜三更，只要一有空闲，阿尔和狄克就翻阅有关电信的书，热心地研究机器的制造。

那个时候，电信事业刚刚开始。所以要找一个隔电瓷、一条电线，都不是件容易的事。他们绞尽脑汁，终于想出用空瓶子来代替绝缘器。其中，最伤脑筋的是电流。

“嗯！有办法了！摩擦猫毛就能产生电流，我们来试试看吧！”

于是，他们捉来了一只猫，开始用力摩擦它的毛。猫由于很不舒服，就在爱迪生手上抓了一下，大叫一声后便跑掉了。

虽然有过这样可笑的失败经验，他们终于从狄克家的屋顶，到阿尔家的树尖上，装好了一条电线。

电报机开始发报的时候，他们俩真是高兴极了，唯一不高兴的是阿尔的父亲。

“阿尔，不要玩得那么晚，十一点钟就应该睡觉的。”

这下子，阿尔可失望了，卖完报纸回到家，总是在十点钟左右，如果十一点就得睡觉，那可就没有多少时间了。于是，他又想出一个妙计。

有一天晚上，阿尔空着手回家。

“怎么啦，阿尔，今天的报纸全部卖光了吗？”

父亲在就寝前，总要读阿尔带回来没卖出去的报纸，这已成为他每天的习惯了。

“不，还剩下几份，可是全都被狄克带走了。”

“那你去跟他要一份回来好了。”

“好，请您等一下，我去叫他看看。”

他走到电报机旁，咔嗒、咔嗒地搞了一会儿，收报机开始响了。

“爸爸，狄克说要把重要的新闻，用电报发送过来。喔！是南北战争的消息，格兰特将军……”

他的计谋成功了，父亲关切地问：

“格兰特将军怎么啦？”

于是，他们俩便借机实验到晚上一两点。

但是，有一天晚上，一头牛跑进果树园里来，牛的犄角钩住了电线。牛着了慌，它越想摆脱掉，电线越是紧紧缠住它不放，它便大叫起来。附近的人们闻声赶来，立即把电线割断，这头牛才获得解放。可是，爱迪生最感得意的电报，却因此不能再通信了。

耳聋

一天，爱迪生仍旧在他那“车上研究所”里面，一心一意地做着实验。

火车不时地上下左右摆动着，当火车下坡的时候，火车一摇动，放在木架上的药瓶便落在地板上，摔得粉碎。

“啊！危险！”

爱迪生大叫起来，因为瓶子里装的是磷。地板上立刻冒起白烟和青白的火焰，车厢里不久也充满了烟和火。

“不得了啦！着火啦！”

他脱下上衣，想用它去扑灭火焰，但却连他的上衣也着火了。幸好火车管理员及时泼了几桶水，终于将火焰浇灭了，但车上已经全是磷和烧焦的气味。

“你这个混蛋！”

管理员伸出手来打在爱迪生的面颊上，少年“唉哟！”一声，

立刻用两手捂起耳朵。

“你看，都是你做的无聊实验，才会弄成这个样子。像你这样危险的家伙，不能再让你上车了，你滚！”

火车到了蒙特·克列敏斯车站，爱迪生就被拉了下去，他辛辛苦苦所收集的一些实验材料，也都被管理员从窗口扔了出去。他所自豪的车上研究所，被毁得一塌糊涂。爱迪生独自一个人，垂头丧气，望着疾驶而去的火车。

这是爱迪生一生中所受的最大打击。损坏的机器和药品，有钱就能买到。爱迪生这次所失掉的，是用钱也买不到的可贵东西——听觉。因为，管理员一气之下，重重地打了他一记耳光，以致弄破了右耳鼓膜。从那时起，爱迪生的耳朵就再也听不到声音了。

爱迪生曾乐观地说过：

“我的耳朵聋了，对我来说倒是有很大益处。在电信局服务的时候，我可以只听到电报机的声音，不像其他的人那样，会受到杂音的干扰。我需要将留声机、电话机加以改良，使自己的耳朵能听到，唯有如此，它们才更合于实用。而且，不管在多么吵闹的街上，我都能集中精神做事，就像住在宁静的乡村一样。”

耳聋虽然带给爱迪生很多的不方便，却也因此成为他一生的转折点，促使他发明更多东西。

流浪的报务员

LIULANG DE BAOWUYUAN

发誓要成为第一流人物的爱迪生，却落得在各电信局间四处流浪。

勇敢救人

八月里一个清静的上午，爱迪生独自坐在蒙特·克列敏斯车站，专心地看着前面一个年仅三岁，名叫吉米的小孩在铁道边玩石子。

突然间，停在轨道上的一辆货车滑动了，向着吉米那边冲过去，人们惊叫的声音随之而起。就在这一刹那，爱迪生急忙跑了过去，很快地抱起吉米跑开。不一会儿的功夫，货车便发出巨大的声响疾驰而过。爱迪生抱着幼童摔倒在石子上，真是一发千钧。人们急忙将受伤摔倒在路旁的爱迪生和吉米抬到月台上，站长麦肯齐也跑了过来。

“爱迪生先生，我真不知道该怎样感谢你。”

站长的眼里含着眼泪。

“这没有什么。”

“如果你慢了一步，吉米就没命了。”

原来，吉米就是这位站长的爱子。他很想对这个少年表示他的谢意。可是，站长知道爱迪生不会接受他的金钱报酬。不过，他也知道爱迪生是个热衷科学实验的少年，便说：

“以后请你常到车站的电报室来吧，我会教你收发电报的技术。”

这对于爱迪生来说，可说是最佳的礼物了。

“谢谢您，站长。那可要麻烦您了。”

从此爱迪生把卖报的工作，让出一部分给朋友。白天的时间他大都消磨在蒙特·克列敏斯车站的电报室里。麦肯齐站长看到爱迪生热心研究的态度及他电报技术进步的神速，感到很赞佩。

仅仅四个月的时间，他已经成为一个优秀的铁路电信报务员了。这也难怪，早先爱迪生就和朋友合办过私人电信局，不但熟记摩斯信号，而且，他还曾自制电报机，使报务员们看了都大吃一惊。他所需要学的，就只有那些铁路专用的信号以及为节省时间而定的特别密码而已。

偷睡的妙计

爱迪生开始对电报的研究，更加热心了，他一天工作足足十八小时。一天当中，除了工作时间，就只剩下了六小时，他就利用这六小时的时间睡觉、吃饭和做其他零碎的事情。

爱迪生每天睡觉用的时间很少，他认为这一天一次的睡眠，会妨碍他的研究工作，因而对它感到很厌烦。

“凡是人终归有一次长眠，所以平日无须睡得太多。睡得太多，反而在精神上、肉体上都有害，因此，人应该尽可能地保持清醒。”一般人常认为爱迪生有发明的天才，但我们宁可说他是有恒心与毅力，来得更恰当。

一八六三年，这位热衷于实验的少年被雇用为报务员。工作地点是在休伦港车站的电报室，月薪二十五元，当时爱迪生才十六岁。

他首次当报务员，就选择了别人不愿干的夜班工作。他想“在夜间上班，白天就可以做自己的研究”。

勤勉的爱迪生，也不能完全不睡觉。可是，当研究得正起劲的时候，要被那无聊的睡眠占去宝贵的实验时间，他觉得实在太可惜了。于是，他便想出了上夜班时偷睡的方法，这真是一个不守规矩的报务员。但是，当时他的研究癖好，已经接近疯狂的程度，为了增加研究的时间，他只有这样做了。

但铁路当局也并不马虎，他们订有一套预防报务员偷偷睡觉的规则：

“值夜班的报务员，每隔一小时要向列车发报局拍发一次信号。”

对这个规定，爱迪生感到无法应付。他想了一会，忽然灵机一动，东敲西打的，花了约三个钟头的时间，终于完成了一部小机器，用铁丝把它接在挂钟上，它可以每隔一小时准时向列车发信局发出“6”的信号。

但是，有一个晚上，发报局的人出来查巡，来到他前面的一站，刚好收到从休伦港拍来的信号。

“哈哈，这个孩子倒很认真，一秒也不差。我来拍一通电报嘉勉他。”

查巡的人便发报到休伦港，可是，一点儿回音也没有。

“这就奇怪了，刚刚不是才从那边发报过来的吗？”

他连续发了五十分钟的电报都没有回音，这一下这位发报局人员有些急了。便立刻戴上帽子，跳上台车，往休伦港疾驶而去。

他急忙跑到楼上一看，只见一盏煤油灯孤独地燃着。他推开电报室的门一看，那十六岁的少年报务员，正坐在挂钟下面，睡得正香甜呢！

“这个家伙把闹钟拨好，就蒙头睡起觉来了。”

这位查巡员可生气了，想把他喊醒。但一看挂钟，再过两三分钟就是拍发信号的时候了，于是他又屏气凝神地等着发信号的时刻到来，看他到时候要怎么办。

但是，奇怪的事情发生了。时间一到，闹钟并没响，发报机的按钮却自动地弹起来，咔、咔……自动拍完了“6”的信号后，就停止了。

这位发报员看得两眼发直。他对爱迪生的这种取巧办法，心里感到很佩服，但那终究是报务员所不应该有的行为，爱迪生终于因此被革职了。

流浪的电信骑士

后来，爱迪生又在撒尼亚车站，找到报务员的工作。撒尼亚虽然位于加拿大境内，但实际上，它就在休伦港的附近。

一天晚上，爱迪生正守着电报机，手里拿着铅笔，不知在想些什么。忽然，收报机响了。

“阻止行进中的货车。”

列车发报局拍来了一通紧急的电报。

“遵办。”

爱迪生拍完了回信，急忙跑了出去。可是，在他还没来得及找到信号员，发出紧急停车的信号时，那列货车已经“轰”的一声过站了。

“不行，来不及了，来不及了。”

局员立刻脸色发白。可是，对方因为收到爱迪生“遵办”的回信，已经向由反方向开来的列车，发出开车的命令。

SAN
X28151
A174

爱迪生这时感到事情严重，便跑到漆黑的外面去。在车站的附近还有个小站，一个上日班的报务员正在那里睡觉。爱迪生拼命地跑向那儿，因为路上很暗，他一不小心，脚踏进水沟里面，摔了一个跟头，昏倒了过去。幸好双方的列车司机，都发现有来车，及时刹了车，这才免于撞车的惨剧。

可是，由于这是爱迪生所应负的责任，他因此又被革职了。

后来，他又辗转来到托列度，两个月后，又转到印第安纳波利斯。但在这里也没有住多久，又往西方去了。

当时正是电报业开始发达的时期，电信技术人员非常不够用。尤其南北战争发生以后，很多报务员被征召到战场去，后方的电信人员更感缺乏，所以他们到处都很吃香。也因为如此，电信人员大都不能久安于位。于是，他们就被称为“电信骑士”，在美国各地到处流浪。

又过了一年。当时辛辛那提的西部联合公司，以拥有许多粗野的电信人员而出名。

有一天，一个青年很冒失地走进来。他身上穿着一件旧棉衣和一件灰色的毛织裤子，脚上穿的是从未擦过油的长筒靴子，头发蓬松，一副寒酸相。

大家看他这副样子，都不爱搭理他。这个青年又问了一次：

“请问主任在哪儿？”

这时，主任才出来见他，并问他的来意。他说：

“我是从印第安纳波利斯来的报务员，我叫爱迪生，请问贵公司需不需要用人？假如需用人的话，请雇用我。”

对一个找工作的人来说，这种态度确实有点傲慢，但刚好因商业电报班缺了两个人，积压了许多事情等着要做，所以这个青年立刻就被雇用了。

爱迪生就在那个时期，与被称为电信技师中的好汉密尔顿·亚当斯认识了。亚当斯曾把他当时的印象，这样写道：

“那个时候，爱迪生很清瘦，鼻子长得特别高，看起来很像拿破仑。伙伴们并不怎么欢迎爱迪生，我很同情他，所以我们两人便成为亲密的朋友。我认为没有一个报务员能胜过他，就是与他相等的人也不多。”

当时，爱迪生已经是第一流的报务员了，所以薪资也相当高。可是，他薪水的大部分都花在买书和实验材料上，因此，吃、穿有时候都会成问题。

他常穿着染满药水的衣服，却满不在乎。经亚当斯几次劝告，才做了一套新装，但下一个星期去看他的时候，那套新装又已经破烂不堪了。

爱迪生后来还发明了一种电报记录器，他将两个收报的记录器连在一起，其中的一个将发报的原文记录下来，另外一个的速度可以自由调节。这样一来，以一分钟五十字的速度送来的电文，可以调节为二十五个字。因此，他所接收的电文，常常都很整洁。

有一天傍晚，亚当斯喊住爱迪生说：

“今晚我要去看戏。”

“你不是值新闻电报的班吗？”

“所以，我才来拜托你的。借用你发明的那部机器，妥加调节，替我值班！”

“你这个狡猾的家伙！好吧，我会帮你想办法的，你去吧。”

正当亚当斯兴高采烈地看戏的时候，报社忽然派人到公司来责难他。因为那天正是总统选举时间，新闻电报陆续拍来，而收信却渐渐地慢下来，终于他的把戏被揭穿了。从此以后，爱迪生的那个新发明也被禁止使用了。

当时报务员之间，都互相竞争着看谁发报发得快、收报收得好。因此，爱迪生发明了一种叫作“垂直体”的书法。那是把过去倾斜的书法改正过来，写成像铅字一样地直，这种书法当时曾经流行过一个时期。后来，他发现把字一个个分开来写，最为迅速；字写得越小，速度也越快。爱迪生对自己这些发现，感到很自豪。

但报社却不喜欢这种字体。

“是谁写得这么小的字？不用放大镜简直看不清楚！”

爱迪生听了一声也不响，下次交给报社的电报，就在每一张纸上只写一个斗大的字。不用说，爱迪生又被调职了。

那时候，收报机还不怎么完善，有时候，会有无法判读的电文，这也是不得已的事。遇到这种情形，判读的责任就全在收报人身上。爱迪生有时遇到不懂的字，就胡写几个字交给报社。有一天，终于被总管发现了，他把爱迪生那胡诌的字，贴在布告栏里，并加注了下面两句话：

“凡是能认出下列二十个字的人，给奖金一元。”

看得爱迪生冷汗直流。可是，第二天早晨的报纸上，那些文句还是经过判别后才登了出来。

一八六五年四月十四日，报馆前面围了好多民众，乱哄哄的不知发生了什么事。同事们纷纷把头伸出窗外来看。一会儿，工友喘着气跑进来报告：

“糟了，林肯总统被暗杀了。”

报务员们也只有你看我，我看你。

“是谁收到的这件重要的消息，怎么没有说？”

大家都互相推托地说没有收到那个电讯，总管便叫大家再看看电报存根。爱迪生也无可奈何地翻着存根，忽然，他不由得叫了起来。原来，他收到这个重要消息的电讯后，就无意识地把它交给报馆了，他自己却一点也不知道。

那个时候正是政治动荡不安的时代，报务员常有被检举坐牢的。

有一次，不知什么原因，电信局长也被关进离电信局只有六百米远的军事监狱里。报务员们绞尽脑汁，想办法和他取得联络，但是，军事监狱的警戒非常森严。

“距离这么近，难道一点办法也没有吗？”

爱迪生叹息着，突然，像闪电一般的念头，浮现在他的脑海里。他立刻把手伸出窗外，不断地摇摆。

“喂，你在干什么呀？发神经病了吗？”

“哼！这是我最新发明的无线电讯啊。”

他是以手臂在空中画出点和线，将摩斯信号发送给在监狱里的局长。第二天傍晚，终于从监狱的窗口收到回信。取得了联络后，爱迪生便准备了必要的证据，将局长拯救出来。

爱迪生一直很喜欢读书，一个傍晚，爱迪生背着一个大包袱，笑嘻嘻地回到事务所。

“喂，这一包是什么东西？”

爱迪生把包袱放在地上，说道：

“是我刚在旧书店找到的《北美评论》。十二本才两块钱，真便宜！”

“你买那些做什么？”

“读啊，这些书足足可以看一星期。”

爱迪生真是一分一秒都不能闲坐着的。

他从七点钟起面对电报机，上班八小时。夜里三点钟下了班，再背着那个大包袱回家，走在寂静的大马路上，谁看到了他都会疑为是小偷的。

“站住！”

一天，一个警察在后面喊。但爱迪生是半个聋子，听不到喊声，所以仍然继续往前走。

“站住！不要动！”

他还是没有停下来。

“不停下来就要开枪了！”

“砰！”手枪一响，子弹掠过爱迪生的身边。同时，一个黑影跑向爱迪生。爱迪生只有呆站在那里。

“你是谁？这包东西是什么？让我检查一下！”

警察指着他的胸口，把包袱抢过来，这一下爱迪生才恍然大悟。

“哦，是警察先生吗？这里并没有什么呀。”

经过检查，爱迪生的包袱里，不过是十二本旧书，这位警察不免有些失望。

“不过，三更半夜的，你还在街上干什么？”

“我是值夜班的电信人员，刚刚下班回家呀！”

警察这才放下手来。

“那么，我要你停下，你为什么不停下来？”

“哦，我这耳朵有毛病呀。”

爱迪生指着自己的耳朵说。

“哦，原来是这样，误会了。真抱歉，晚安。”

说完这些话，警察就走了。

世界伟人传记

南国之梦

这里住两个月，那里住三个月，在美国西部流浪的爱迪生，终于来到路易斯堡的电信局。

“这是你的座位。”

被指定了座位以后，爱迪生不禁皱了皱眉头。原来，那个桌子就像乡间的古老旅馆里面，专门放脸盆或水桶用的木架子。

当时的路易斯堡电信局，地点虽然是在闹市区，但那是在一个破烂的二楼房子里，后面有电池室。天花板已坏了三分之一，一个小火炉的烟筒，还破了好几个洞。配线板约有一平方米大，上面的铜片已因氧化而变黑了。

在这样凄惨的环境里，他们分昼夜两班工作。曾有好几个晚上是从傍晚六点上班，一直坐到第二天早晨八点，接班的人吃完早饭，才能下班。也曾有一次，在七十二小时里，仅仅睡眠十小时。

但是，爱迪生服务最久的单位，就是这个最辛苦的路易斯堡

电信局，他在这里服务了大约两年。

在那种环境中，人的心情难免会感到颓丧，想另外换个环境，这也是人之常情。

有一天，爱迪生拿了一张报纸，递给一个同事说：

“喂，这一段你看一下。”

报上刊载着“南美巴西政府招募电信人员”，并开列了足以吸引年轻报务员们的条件。

“我也要去。”

“我也想到南美去。”

不一会儿，已经有五位同事了。

刚好有一只专轮要开往巴西，他们一行人为了赶搭这条船，立即南下前往纽奥良。但是，他们一下火车就听到消息，说是由于前天市民发生了叛乱，政府立即出动军队，专轮也被军队扣押了。他们只好另找船只，当他们走到轮船公司前面时，被一个年老的西班牙人叫住了。

这位老人很热心地对他们说：

“不要做这种傻事。我在南美住了好久，所以知道得很清楚，说什么南美是好地方，那全是胡说八道。世界上再没有比美国更好的国家了，各位的想法千万使不得。去不得，去不得呀！”

这位西班牙老人劝他们不要去，根本没有提出什么理由，但他那种热心的劝告非常有力，他们起初的那股热劲儿也已经消失了。

因为，在纽奥良的码头遇到西班牙老人，使爱迪生断了南美之行的念头，他又继续过着流浪的生活。但是，爱迪生的读书和实验并没中断，无邪的恶作剧也层出不穷。

有一次，他将感应线圈接在洗手的水盆上后，对他的同伴说：

“喂，来吧，我让你看好玩的东西。”

“什么事？”

“你跟我爬上屋顶就是了。”

盥洗室的屋顶是平的，爱迪生和一个朋友穿过天花板，爬上屋顶，趴在那里观望。

没多久，盥洗室的门开了，进来了一个人。当他把手浸到水盆里，便立刻吓了一跳，“啊！”的一声，把手赶快缩了回来。那个人觉得奇怪，又试了一次，结果还是一样。

那个人甩甩湿淋淋的手，面对着墙壁，显出很困惑的样子，似乎想看别人的反应。过了一会儿，又有一个人进来，把手浸到水盆里，也立刻缩了回来。

他们两个人出去以后，马上带了很多人进来。

“奇怪！”

“确实有电啊。”

“怎么搞的？”

“应该不可能漏电的。”

他们为了解读这种奇怪的现象，各自提出了不同说法。爱迪生在屋顶上看着，真是要笑破肚皮。

爱迪生喜欢恶作剧的个性，一直到他老了还是一样。不过，除了恶作剧以外，他在电信工程方面也有很重要的贡献。

他在转接的电信局，将收信与发信自动地联结起来，以节省时间，并减少错误。用这种方法，可以直接从纽奥良发送电讯到纽约。

刚好那个时候，另外一个人也正在研究这种装置，那个青年是经理的亲戚。由于爱迪生的发明抢先一步在报上发表了，便被喊到经理室。

“你怎么把电信室搞得乱七八糟啊？”经理说。

“我……”

爱迪生想辩驳，但经理不等他发言，又接着说：

“好了，已经没有讨论的余地了，你领了这个月的薪水就走吧。”

爱迪生就这样莫名其妙地被免了职。之后，他又再度到路易斯堡。这时，他为了发明电信工程上的新装置，所有的钱都用光了。在雪片纷飞的寒冷天气下，他只穿一件薄外套，显得一副可怜兮兮的样子。

他到路易斯堡一看，电报局已经搬到新的房子去了，屋子里也收拾得很整齐。

“一切都变了。”

爱迪生很感慨地望了望四周。

房舍是变得整洁了，不过，使他伤脑筋的是，规则也变得严格了。

“机械、器具都不准擅自移动。非因公务，禁止使用电池。”

这个布告，简直是专对付爱迪生的。因为，其他人是不会做这些事的。

一天晚上，爱迪生正在热心地做实验，一不小心，将硫酸的瓶子撞倒了，硫酸便流到地板上。楼下正是经理的办公室。硫酸就从地板的缝儿一滴一滴地滴到经理的桌子上。

第二天早上，他被喊到经理室，经理显得很不高兴的样子说：

“本公司雇用的是报务员，实验家是没用的。”

爱迪生又不得不加入失业者的行列了。

恢复上班

爱迪生又回到故乡休伦港。

自十六岁离开故乡，很快地已过了四年，如今，爱迪生已是二十岁的青年。母亲南丝也变成头发斑白的老妇人了。

“妈，我一定要成为世界第一流的人物。”

在少年时代，曾这样发誓的爱儿，如今落得不但没有职业、没有积蓄，连地位也没有，仍旧穿着那套破旧的衣服，像流浪儿似的回来了。可是，母亲并没有对他发牢骚。

“还好，身体很强健。你还做你的实验吗？”

“当然，实验是我的癖好。妈，你怎么会知道呢？”

“因为，你的衣服、裤子全是药品的痕迹呀！”

“哈哈，妈真是一位好侦探。”

“嘻嘻，了不起吧！”

母子俩同声地笑了，父亲则悠闲地坐在摇椅上含笑地听着。

故乡的生活仍旧很清闲，爱迪生过了几天闲静的日子。但对于勤勉的爱迪生来说，整天无所事事，却比不眠不休的工作还要痛苦。

“啊——”他打了一个呵欠，提起笔写了一封简短的信。

“西部已经走遍了，此后想在东部做事，请代我找个适当的工作吧！”

他把这封信寄给波士顿的朋友亚当斯。很快就收到亚当斯发来的电报。

“请即来。”

一星期以后，爱迪生就出现在亚当斯的面前。

虽然是多年不见，但因为大家都是老朋友，所以，也就用不着说什么客套的话了。

“怎么来得这么迟？这不像是你的脾气。”

“老实告诉你，是因为没有路费呀。”

“那么，你是走路来的？”

亚当斯的询问也很奇特。

“哈哈，我是向铁路公司交涉，要了一张乘车证才来的。”

“那为什么到得这么慢呢？”

“因为在中途遇到大风雪了，便在蒙特里欧住了四天，被挤在小客栈里。唉！终于能保住这条老命来到这里。真是太冷、太冷了。”

想起当时的情景，爱迪生忍不住发起抖来。但是，亚当斯听完了他的话，就性急地说：

“既然到了波士顿，就不能再在这里喊冷了。走吧！”

“到哪儿去？”

“到西部联合公司，就是你要服务的公司。”

米里康经理和爱迪生见面还不到五分钟，这位以电信专家而闻名的米里康，就一眼看中了爱迪生。

“你打算几时上班？”

“马上就可以。”爱迪生回答。

“那么，请你下午五点半上班吧！”

那天下午五点半，一分都不差，爱迪生就出现在中央电信局了。

那天晚上，天气阴沉而寒冷。新来的爱迪生旁若无人地踱了进来，屋里的其他报务员看他都很不顺眼。

“这个怪家伙，一定是从西部来的，非给他点颜色看看不可。”

一番交头接耳后，大家一致通过要整他，但爱迪生一点儿也不晓得。

“你负责这里。”

他一看被指的地方，写着“纽约第一号”。爱迪生毫不迟疑地手里拿着铅笔就坐了下来。

纽约有一个很能干的电信人员，正使波士顿这批人感到招架不住。

过了约有一个钟头，从纽约发来了缓慢的电讯。

“嘟，嘟，嘟……”

爱迪生把上衣放在椅背上，很悠闲地从口袋里拿出口香糖塞进嘴里，再提起铅笔检视一番，大约发了五十多个字，他才开始工作。

这个时候，从纽约发来的电讯，速度渐渐地快了，爱迪生桌子上的收报机，不断急促地响着。

爱迪生抬头一看，同事们都停止了工作注视着他。或许是看新来的这个小子，怎样应付那些高速的电讯。

这一来，天生不肯认输的精神，激起了爱迪生的斗志。他马上集中注意力，收听电报机上的声音，他手的动作比机器还快。

看来像是纽约的发信人感到焦急了，故意把字发得不清楚，或乱加符号。但在西部那种不太完全的电信设备下磨炼出来的爱迪生，当然毫不在乎。他仍用端正的字体写下来，标点符号也记得很清楚，就是再无能的印刷工人也不至于发生错误。

弄到后来，纽约的电信人员大概是累了，速度渐渐减慢了。爱迪生便向对方发信，内容是：

“喂，老兄，你怎么这样不灵活呢。你大概累了，可以用另一条腿发信呀！”

他是想讥讽对方的发信技术不行，说他大概是不用手而用腿

发信的。

自此以后，波士顿的同事们，再也不敢欺侮爱迪生了。

在波士顿，爱迪生仍旧很用功。他和亚当斯住在一起，生活过得很愉快。一个是勤勉用功，一个是悠然自得，所以他们俩共同生活的日子里，常会有滑稽的事情发生。

当爱迪生买了《法拉第全集》回来后，夜里四点钟回到家就开始读，一直读到吃早饭的时候。他对亚当斯说：

“亚当斯，我需要做的事情太多了，而人生却这么短促。所以，我非跑步不可。”

话一说完，他便在早晨的街上，拼命向距离有一公里的包饭店跑去。

“真是一个怪人。”

亚当斯打了一个呵欠，目送着这位朋友的背影。

有一天早晨，爱迪生和亚当斯正想去吃早饭，走到托列蒙特街，看到两家百货店门前围着很多人。

一家商店的玻璃橱上贴着一张纸条，上面写着：

本日新到袜子三百双，每双售价五分钱——与邻店无关。

隔壁的一家也贴出一张纸条，是这样写着：

袜子现在到货很多，每双仅售三分钱。——与邻店无关。

原来是这近邻两家百货店，在互相竞争生意呢。

“喂，这倒有趣，看一下吧。”

悠闲自得的亚当斯说。爱迪生原是最喜欢看这种事的，两人便停下来看热闹。只见头一家店铺不服输，又减价为每双二分钱；另一家一看，也再减为每双一分钱了。可是，群众都只围着看热闹，却没有人进店里去买，围观的人越来越多。

最后，价钱降低到三双卖一分钱，这时亚当斯便说：

“我再也忍不住了，给我一分钱吧！”

他向爱迪生要了一个铜板，便推开人群，走进店里去。

“给我三双袜子。”

群众都屏气凝神地旁观着。

商店里有好多女店员，其中一个店员就从货架上拿下了一个盒子递给他。他打开盒子一看，是婴儿穿的袜子。

“喂，我要大人穿的呀！”

亚当斯很困惑地说。

“您只付一分钱还要讲究尺寸，那样我们更吃不消了。”

群众听了哄然大笑，竞卖也就此结束了。

不实用的发明

在波士顿的哥托街，住着一位叫查理·维廉斯的人。他是四十岁以后才进电机界的，后来和贝尔同以电话而闻名于世，当时他正在波士顿从事电气器具的制造。

爱迪生差不多每天都要到这个工厂去一下。有一个晚上，他很兴奋地跑回家说：

“亚当斯，做好了。”

“什么？”

“自动表决机呀！”

“喔，那是做什么用的？”

“在议会里，一到要表决时，议员们都要来回走动。在这个科学文明的社会里，那不是把时间都浪费了吗？要是用电器装置，不到一分钟便可以完成表决了。”

“你是说，你已发明了这个东西啦？”

“是啊。在议席的桌子上，装有红绿两种按钮，表决的时候，议员们只要把按钮一摁，由于电气的作用，赞成者与反对者的姓名，立即会显现在秘书长的桌子上。正反的票数也很快计算出来，更重要的是不会有错误。”

“你最近常到工厂去，原来是发明了这样一个伟大的机器。加油吧！”

亚当斯就像自己的事一样的高兴。

不过，只受到亚当斯的称赞也没有什么用。当时正好有一位叫罗伯的技师，为他出资一百元，爱迪生得到了鼓励，便决定到首都华盛顿去实验这部机器。他在国会的实验，成绩确实很优异。

“真了不起。”

委员们都很佩服，年轻的发明家爱迪生，也感到很得意。

但到最后委员长开口了：

“爱迪生先生，你这个装置，就机器本身而言是很好。不过若论发明，再没有比这个更不受欢迎的了。”

这一下子，爱迪生可吃惊了。

“为什么呢？”

“你是技术家，所以也许不明白我这话的意思。议会政治这种制度，很容易沦为多数党专制。少数党如要阻止一项议案的通过，只有运用某些手法，来延缓表决，这个策略就非靠着走动不可。但是，你却连少数党这个最后的武器也想剥夺掉，那怎么可以？”

经过这番说明，爱迪生无话可答。他只好收拾起机器，悄然回波士顿去了。坐在归途的火车上，爱迪生深思着。

“的确是这样。发明家脑子里想出来的发明，多半是不实用的，只有从社会的需要自然产生出来的发明才有意义。”

爱迪生最初的发明，虽然就这样失败了，但他却由此获得了宝贵的教训。他之所以能成为一个成功的发明家，对人类的幸福与进步有所贡献，也都得力于此时所建立的方针。

当时爱迪生才二十一岁。

此后，他决定带着股份标示机的发明，前往纽约。同时，好友亚当斯也再度踏上往西部的流浪旅途。

他们一个是抱着青云大志，想登成功的龙门——纽约，顺着哈德逊河南行；一个是为流浪的习性所驱策，前往朔风凛冽的新开发地。

青年发明家

QINGNIAN FAMINGJIA

爱迪生脑海中发明的灵感，有如泉涌般源源而来。

初任总工程师

南北战争以后，政府财政上发生极大的困难。由于滥发纸币不能兑换，因此，黄金与纸币的价格相差很大，黄金便成为华尔街投机的中心。

于是，在交易所任副总经理的罗斯博士，便发明了一种“金价标识器”。把装在公司的标识器总机和装在各经纪行的标识器分机，以电线相连接，以便能迅速获知黄金价格的变动。爱迪生住的地方，就是这个公司的电池室。

他对机器不断地东摸西摸，看了又看，等他弄清楚这种机器的装配和操作方法后，就躺下去睡大觉了。

第三天，“砰”的一声，标识器的总机突然不动了。

不到两分钟，各个经纪行都派了一个工友来查询，长长的走廊挤满了约三百人。

“线断了！”

“标识器不动了！”

“请快修理啊！”

人多嘴杂，吵得像发疯似的。管理机器的人，也狼狈得手足失措。

爱迪生走近标识器，很快地就知道是因为一个弹簧坏了，掉在两个齿轮中间，机器才会停的。

他正想告诉管理员，董事长罗斯博士匆匆忙忙地跑进来了。

“怎么搞的？哪里发生故障了？”

董事长气急败坏地大叫着。爱迪生便走近他，说道：

“我知道故障的部位。”

“那么，请你快帮我修理一下吧！”

两小时以后，一切又恢复了正常。

从此，爱迪生很受罗斯博士的赏识。第二天，他就被召见。一到二楼的董事长办公室，罗斯博士很认真地问：

“你看这部机器怎么样？”

“我看它好是好……”

“那么，你是说，它还有应改良的地方？”

“我还没有考虑到这一点。不过，不管什么机器，总有改良的地方。”

接着他又谈到，怎样才能减少机器的故障以及如何才能使装置更为简单。

“你是什么时候研究这部机器的？”

“我哪有机会研究，只不过是管理员在检查的时候，我站在旁边参观罢了。”

罗斯博士思索了一会儿又说：

“我正要找人来管理这部机器。怎么样，你愿意不愿意干？不过，薪水只有三百元。”

爱迪生吓了一跳，呆呆地看着罗斯博士的脸。他从来就没有拿过这么多的薪水，当时吓得他目瞪口呆。

于是，爱迪生就从一文不名的流浪汉，一跃而成为金价标识器公司的总工程师了。

自行创业

一八六九年十月一日，在百老汇的交易大楼，挂上了这样一块新奇的招牌，上面写着“电气技师兼电信代理业”。

这是爱迪生趁罗斯博士的公司和金价股份通运公司合并的机会，与一位技师波普合伙经营的新颖职业。这种叫“发明业”的职业，就由爱迪生首先带到社会上来。赞助人是新公司的董事长鲁法兹。他对爱迪生说：

“首先要请你研究标识器的改良。我们这种事业，说不定在什么时候又会有人发明新的机器，成为公司的有力竞争者。”

爱迪生替鲁法兹所做的第一个发明是“表示机”，以代替原来的标识器。它被命名为“帝卡”，可以说是现代印刷电信机的鼻祖。

原来的标识器，只限于当场看，需要有人随时在旁看着，不然的话，标示很快就会消失。至于新的表示机，即使没有人看守，也可以自动留下记录。而且，它的记录并不是电信记号，而是普通文字及数字，所以外行人也看得懂，比以前方便多了。

爱迪生带着它的专利权，去见鲁法兹董事长。董事长很高兴地说：

“哦，太好了。本公司打算买这个发明，什么价钱你才愿意出售呢？”

爱迪生被这么一问，当时不知道怎么回答。说实在的，他对价钱的事情，并未曾考虑过。

“嗯，贵公司到底肯出多少钱呢？”

鲁法兹马上接着说：

“四万元怎么样？”

“四万元？”

爱迪生惊讶地大叫起来。

“四万元会不会太便宜？”

“不，不，好吧，就以四万元全部出售。”

爱迪生慌张地答应下来。

有生以来第一次拿到四万元支票，爱迪生反而感到不知如何是好。

“此后，我怎么办呢？索性用它作资本，办一个发明研究所也好。无论如何，还是先把支票拿去兑现。”

爱迪生到了纽约银行，从窗口把支票递过去，一个年轻的银行职员，将支票翻了一下，不知在嘴里讲了些什么，又把这张支票退还给他。爱迪生因为耳朵不好，所以，也就没有听清楚他说的是什么，他想：

“这一下子糟糕了。我早猜到了，哼！四万元，哪有这么好的事？”

他便慌忙飞也似的开步跑，回到鲁法兹的事务所来。董事长和秘书听了他的话，不禁大笑起来。

“哈哈，老兄，因为按照规定，凡是拿支票去兑取现款的人，都应该在背面签名，以证明是本人无误。哈，哈，你用不着担心，我派个公司的人陪你去。”

他又到了银行，由陪着他去的人和银行职员说了几句话。只看到银行的职员露出了笑容，不久，柜台上就摆满了一大堆钞票。

爱迪生把这堆钞票，分别塞进了外套、上衣、裤子和衬衣的所有口袋，东凸一块，西凸一块，样子很滑稽。

他走了以后，银行里的职员们都哄堂大笑。

爱迪生带了这么多的钞票回到家里，不知道怎么处理才好。他先把房门下了锁，一会儿，把钞票堆在桌子上，一会儿，又堆在床上，弄得整夜没有睡觉。翌晨，他又把钞票装满了口袋，去找鲁法兹想办法。

“哈，哈，银行的人也太缺德了，他们故意开你玩笑的，给你的都是些小额钞票。好吧，我来帮你想办法。”

和善的鲁法兹，又派了一个人陪他到银行，开了一个账户，把四万元存了起来。这是爱迪生第一次在银行开户。

后来，爱迪生就用那四万元当资本，在纽约近郊的纽华克，办了一个独立的研究所和附设工厂，专门接受鲁法兹的订货，制造股份表示机。

爱迪生自从独立开业后，就又热衷于发明，几乎到了废寝忘食的地步。

“咱们老板的精力，真是旺盛。已经有两个星期没有从研究所出来。”

“他吃的饭都是叫人送进去的，不晓得睡觉的时候是怎么睡法？”

“他累了，不管白天或晚上，就拿起书当枕头，躺在研究所里面的桌子上呼呼大睡起来。顶多睡上三十分钟，便紧张地跳起来，又继续他的研究工作。据说，一天就只这样睡个四五次而已。”

“哦，这么简单？”

“是啊，也就是说，他是把一天的睡眠，分成四五次睡。”

“真是了不起的人。他一热衷于发明，就把睡眠、吃饭都忘了。”

可是，他忘掉的不只是睡眠和吃饭，有时甚至把自己的姓名都搞忘了。

“查台端的税捐已逾期多日，尚未缴纳，兹再限于本日缴清，逾期则处税额之一成二分五厘的罚款。”

爱迪生收到这样的通知，便赶紧跑到税捐处去缴税。因为人多，需要排队按着顺序办理，他便排在最后，脑海里仍思索着一些事情，终于轮到他了。

“下面一位，叫什么名字？”

被这么一问，他突然愣住了。

“哦，我的名字是……”

他当时说不出来，这一下，税务员生气了：

“自己的姓名都忘了？下面一位！”

他就因为说不出姓名，误了缴纳的时间而被处罚。

爱迪生本身就这样努力，所以不管是研究所或工厂，大家都很紧张地工作。有时候，有四十五种发明同时在进行。如果某部分发生故障了，爱迪生便说：

“各位，我们来找出臭虫吧。”

发明或设备有不顺利的地方，爱迪生总是管它叫做“臭虫”。

有一次，他接到股份表示机的大量订单，机器却偏偏发生了故障，他便下令将工厂关闭了六十个钟头，要工人从事改造和修理的工作，一直到“臭虫”完全被除掉，才把工厂的大门打开。

“臭虫这个东西，总是跟着懒惰的人。我们当然能把它消灭，而且，也必须把它消灭。”爱迪生常这样说。

他的工厂经营，好像很马虎。在爱迪生的脑海里，根本就没有什么赚钱的念头。他没有设账簿，只准备了两支别针，把借方和贷方的账单，分开别起来，如此而已。

后来，经人劝告，才雇用了一位会计，但还是不行。爱迪生曾说：

“会计员、账簿那些东西，我一概不信任。”

有人问为什么，他却有他的道理：

“我叫那个会计员计算一下，在起初的三个月里有多少盈余。会计员向我报告，说有三千元的盈余，于是，我就请属下的人，吃了一顿饭，以示庆祝。可是，过了两天，会计员又来报告：

“前天算错了，是亏损五百元。

“再过五六天，他又来报告：

“我的脑筋都搞昏了。现在已经弄清楚，是有七千元以上的盈余。”

自此以后，到还清债务，把盈余存入银行为止，究竟是盈是亏，爱迪生仍不敢相信。

发明自动电报机

当时有一个叫立特尔的英国人，发明了自动电报机，在纽约到华盛顿四百五十公里之间，装设特别电线实验它的效果，但结果并不是很好。在短距离还可以用，但距离一拉长就不行了。这个公司的创立筹备处主任巴马，有一天，便去请教一位相识的工程师。

“能够完成这个发明的，我想在世界上只有一个人。”

那位工程师对巴马主任说。

“那是谁呀？”

“是一个叫爱迪生的青年。他现在在纽华克有个研究所。”

于是，爱迪生便接受巴马的委托，从事自动电报机的发明。他很有自信地说：

“立特尔的穿孔器，一分钟只能送五十个字，我非把它增加到数百字不可。发报用的纸带一加仑要十五元至十七元，这也太贵，我打算把它减到五六块钱的程度。”

这并不是爱迪生的空话。不久，他真使它在一分钟里能发送将近一千个字了。

最困难的是收报设备。原本一分钟顶多可送五十个字，所以能一边听一边记。现在一分钟增加为数百个字，收报也非改成自动式不可了。

有一天晚上，他的属下白彻勒去看他，爱迪生坐在化学药品堆里，地上堆着约一米高的化学书籍。

“先生，怎么啦？”

“我想自动电报机的收报设备，除了在铁钢笔尖与滚轴中间，放置一种用某种特殊的化学物质处理过的纸带，此外有没有别的好办法。”

“这个看法很有意思，不过，要用什么化学物质处理呢？”

“我现在就是在研究这个东西。这些化学的书是从纽约、伦敦、巴黎等地订购的，我想一定可以在这里找到一些线索。”

白彻勒很感佩爱迪生的耐性。他不分日夜地看书，有六个星期之久，从没有走出研究所一步。饿了就在书桌上吃饭，累了就坐在椅子上睡觉。

他终于读完那几百本书，并作成笔记，然后依照它的方式，作了数千次的实验，终于研究出他所需要的溶液。自动电报机就这样完成了，但人的欲望是无止境的。

“这样就方便多了。不过，用摩斯符号再翻成文字，还是很费时间。如果纸带上能直接出现罗马字，使大家都能读，那就更方便了。”

不久，爱迪生又成功了，这就是今日的“印刷电信”。

打字机的发明，可说是它的副产物。最初发明打字机的，是一个叫修尔斯的人，但却比用手写还费时间。后来经过爱迪生改良“雷明敦铅字机”，终于实用多了。

完成自动电报机的时候，爱迪生才是二十七岁的青年。一八七三年，他受公司的委托，前往英国。当时的英国，被公认为科学的先进国家。他在英国的实验虽然很成功。但是，英国当局大概怕采用机器会发生失业的问题，所以一直没有采用自动电报机。

四重电报机

从英国回来以后，爱迪生又从事四重电报机的发明。

起先，当爱迪生还在研究二重电报机时，他就去过西联电报公司好几次，但该公司的人看他那么年轻，都不怎么搭理他。

有一天，他又到西联公司去，格凌董事长似乎不大想谈发明的事情。他听完爱迪生的话，就眉头紧锁，半信半疑地问：

“据说你对电信方面很有经验，是不是？”

“是的，我在西部当了四年以上的电信技师。”

“那很好。现在，奥巴尼到这里的电线发生了故障，因此积压了许多公事。你替我修理一下怎么样？”

董事长说这些话时，是用一种奚落的口吻。但爱迪生却紧抓住这个机会说：

“董事长，假如我能在两三个小时之内，把这个故障的部位找出来，您肯不肯认真地考虑我的发明？”

“好吧！假如你能在两天之内找出故障来，我就采用你的发明。”

爱迪生高兴得要跳起来，赶紧跑到电信局的事务所。他先呼叫匹兹堡电信员，再转叫奥巴尼岛的电信员。

“喂，我这里是纽约。请你呼叫各局，查一查纽约线可以通到哪里，并立即将结果经由匹兹堡通知本局。”

不到一个钟头，奥巴尼的回信就来了。

“本局到波克普西前面三公里处，可以顺利通信，再往前就不通了。”

爱迪生马上折回董事长室。

“董事长，请立即准备修复器材，用火车送到波克普西。故障部位大概下午就可以修好了。”

果然，故障部位很快就修好了。

由于这个缘故，爱迪生从英国回来，开始四重电报机的发明时，便先和西联公司接洽。

可是，他举行试验的那一天，正遇上暴风雨，结果成果并不好。同时，爱迪生因为研究工作而借了很多钱，正急着需要一笔钱用。而当四重电报机发明完成的时候，格凌董事长碰巧出外旅行。爱迪生迫不得已，只有将它的专利权，以三万元卖给一个叫古鲁特的奸商了。

事后，朋友们都很为他惋惜，爱迪生却对他们说：

“没关系。只要使用四重电报机以后，社会大众能得到益处，我就满足了。”

事实上，由于爱迪生这个四重电报机的发明，美国所得到的利益，仅电线装设费这一项，就节省了达一千五百万元至二千万元。

可是，爱迪生最感失望的是，电报费却一直没有降低。这是因为买到这个专利权的古鲁特那一班奸商集团，利用它霸占了西联公司，将这个伟大的发明，作为投机的手段。

“古鲁特真是对于事业丝毫不知尊敬的人。只要那种人占据着西联公司，电信界就没有进步可言了。”

爱迪生因此放弃了电报机方面的研究，将他的才能发展到新的方向去。

母亲逝世

在爱迪生的一生中，所遇到最大的不幸，是在他仍热衷于电报机的发明那个时期。

“母病危。”

当他接到这封电报时，惊慌得不知所措，立即兼程赶回故乡。

母亲年纪已过了六十高龄，头发已经斑白。当他赶回家里一看，她的精神仍然很好。

“妈妈，我回来了。”

爱迪生握着母亲瘦弱的手喊。

“哦，阿尔。”

母亲两眼充满了泪水，爱怜地看着爱儿的脸孔。

如今，仍用值得怀念的乳名“阿尔”叫着他的只有母亲一个人了。

“你看来很健康，好，很好。”

“我还是很强健呀。妈，故乡很宁静嘛。”

夜已深，除煤油灯发出“吉、吉”的声音外，只听到秋虫的鸣声。

“妈，您还记得吗？”

“什么事？”

“当我小的时候，我发誓要成为世界第一流伟人的话呀。”

“我牢记着呢。”

“不过，我还没成为世界第一。妈，你一定要等我成为世界第一。”

“世界第一也好，第二也好。妈已经不在乎了。我想你一定会做些对世界、对人类有益的事。”

“这点，请您大可放心，我是经得起命运考验的。”

“阿尔，这就给妈妈最大的安慰了。”

不久，他母亲就在宁静中结束了她的生命，被埋葬在故乡的山上。爱迪生失去了他所敬爱的母亲之后，在他的人生里，好像缺少了什么东西似的，总觉得很空虚。

结 婚

一年过去了。

“爱迪生，你也应该考虑结婚了。”

有人对他说。

“嗯，差不多啦。”

他露出含有深意的微笑。其实，他已经有了相爱的人。

她叫玛丽·史蒂威，是位在研究所里面和他一起工作的漂亮小姐。

当爱迪生还没有发明自动电报机、电气笔尖、四重电报机或“以太”的时候，他和玛丽的感情已经逐渐成熟了。

但他们俩谈情说爱时，有很多不方便。因为，爱迪生整天忙着发明，没有时间到外面去玩，偶尔一起吃饭，耳朵有毛病的爱迪生，也听不清楚喃喃的细语。

于是，爱迪生想出了一个办法。他从口袋里拿出一个银币，在桌子的一端咔、咔、咔地敲，拍发摩尔斯信号。玛丽也同样的，用银币敲着桌子给他回信。

关于爱迪生的结婚，还有许多传说的故事。

据说，有一天，一个朋友去拜访他，看到他样子异乎寻常，头发理得整整齐齐，皮鞋也擦得很光亮，在屋里踱来踱去，口里喃喃地念叨着：

“想不起到底是什么事？我记得是一件很要紧的事情……”

过了一会儿，爱迪生又忽然大声高叫：

“啊，对了！今天是我结婚的日子，所以，打扮得这么漂亮呀！”

以后，一提到这件事，爱迪生夫妇总是一笑置之。但当这个故事被报纸杂志绘声绘影地登了出来以后，爱迪生才说出事实的真相。

“尽管我是多么善忘，总不至于把自己的结婚大典给忘掉了呀！不过，在婚礼完成之后，让太太等候了一段时间，那倒是事实。”

“那又是怎么一回事呢？”

“因为我忽然想起有一件实验还没有做完，请她等两个钟头，我又回到研究所去了。”

“那么，你在两个钟头以后就回来啦？”

“嗯，我起初是打算这样，不过，我是不习惯看钟的。”

他对于时间这一点，回答得没什么把握。

爱迪生就这样开始他幸福的新婚生活。他在一八七六年，他二十九岁的时候，把研究所从纽华克迁移到明露公园。在小丘上，盖了一座像乡间集会所用的二楼房子。

因为有人劝他应该把研究所和工厂分开，他觉得这个主意不错，研究所才独立设在这里。楼下分设办公室、图书室和模型室，二楼的三十米长、八米宽的大房间，就是研究室。

研究室壁橱里摆满了各种药品，还有各种机器零件及应用器具，爱迪生就整天坐在里面做研究工作。

这时，他正在从事电话的改良。

电话的改良

世界上最早申请“以电线传送声音”发明专利权的，是亚历山大·格雷翰·贝尔。但是，它的音波极为微弱，除非距离很近，要不然就听不清楚了。参加费拉德菲亚博览会的时候，也因为声音太小，大家都认为这只不过是一种玩具，没有受到重视。

可是，后来因为波士顿的银行与银行之间，利用防盗警报器的电线装设电话以后，电话的需要量日增，贝尔因此成立了个小规模的电话公司。

有一天，西联公司的欧顿董事长又来找爱迪生。

“爱迪生先生，你对贝尔的电话，有什么意见？”

“我觉得还是不行。不过，假如他真的能把它做得更好，那就会成为很了不起的东西。”

“我今天来拜访你就是为了这件事，以目前的趋势来看，电话渐渐发达，对于电报事业是一个严重的威胁。怎么样，老兄，肯不肯把它改良成实用的东西呢？”

“好的。我认为发明这件事，并不是单从发明家的脑子里想出新奇的东西就好了，我们还要能做出社会上所需要的实用品，这才是发明家的天职。让我把那个玩具，改良成完善的实用品吧！”

于是，爱迪生便又开始从事电话的改良。

爱迪生研究的重点，主要是在送话器里面放些碳晶粒，利用碳素对电流的阻力，加大振动，换一句话说，爱迪生的电话机，并不是用人的声音直接振动传到电线，而是使两极间的电阻发生变化，因而产生一种电波。他又使用感应的圈，使声音显著地加大，拉长了通电话的距离。这样，人们才能听清楚由电话里传来的声音。

我们可以这样说，学术上成功地发明电话的是贝尔，而在实用上成功地改良电话线是爱迪生。

电话改良后，西联电信公司高兴极了。

“这真是了不起的发明。这个专利权要以什么价钱才肯让售呢？”

欧顿董事长开口问。

那时候，爱迪生为了继续研究所的工作，需要二万五千元的款项。

“要是二万五千元以下，无论如何我是不答应，我一定要坚持到底。”

他心里这么想着。但他又想，这个发明出奇的简单，在时间上仅费两三个月。向他们要二万五千元，不知他们会不会同意？此时，他内心反而有些不安。

“价钱由你们定吧。”爱迪生照例这样说。

“那么，十万元怎么样？”

“好的，就这样决定吧。不过，我还有个条件。”

“条件！什么条件呢？”

“我希望你们把那十万元分开支付，在专利期间的十七年里，每年支付我六千元。”

这是个奇怪的条件。一年六千元，只不过大约相当于十万元本金的利息。换句话说，公司方面在十七年之间，只付利息，不需付本金了。那为什么爱迪生会提出这种条件？

他自己曾做这样的说明：

“我的野心的确大于自己事业能力的四倍以上。所以，我要是一次收到这笔钱，一定会把这全部的钱用到实验上去。我订了这个契约，为的是在十七年之间，免得在金钱上发生烦恼。”

贝尔和爱迪生的竞争

西联公司依据爱迪生的发明，设立了一个电话公司，在全国各地铺设电话网。这样一来，自然就和已有的贝尔电话公司，发生了激烈的竞争。

欧顿董事长又到研究所来了，他说：

“爱迪生先生，一个叫贝尔的人获得了专利，不知道你听说了没有？”

“哦，是艾里多罗摩得克拉夫（早期的一种听筒）啊！那有什么问题呢。它和我发明电报机的时候所用的听筒，没什么差别。”

“问题是古鲁特买到了那个专利权。”

“哦，又是那个投机商人吗？”

爱迪生瞪大了眼睛，想当初爱迪生发明电报机的时候，也曾经吃过他的亏呢。

“是的，古鲁特利用那个专利权，又向我们挑战了。爱迪生先生，我们有没有办法对付他呢？”

“好吧。让我来想法子打垮贝尔的专利。”

从那天晚上起，爱迪生又躲到研究室里去。经过几个星期以后，他便带着完成的“高音电话机”出来。它能使从纽约打来的电话声音，在郊外的明露公园三百米内都可以听到。

爱迪生又将这个专利权，以十万元卖给西联公司。这一次，他也提出和上一次同样的条件，因此，爱迪生在以后的十七年里，每年合计有一万二千元收入的保证了。

在这期间，西联公司与贝尔电话公司之间，仍继续激烈的竞争。后来，他们之间的争执，终于告到法院里去了。

西联公司控诉贝尔公司窃用了爱迪生发明的方法，贝尔公司也加以反驳，说是西联公司侵犯了贝尔的专利权。

“真伤脑筋。有没有方法，可以不用贝尔的发明独立制造电话机呢？”

欧顿又来请教爱迪生了。

“可不是吗！我老早就考虑这个问题啦。”

可是，尽管爱迪生费尽脑力，要想出自己独特的方法，但在某些方面，仍要借重贝尔的发明。在贝尔这方面，也努力要做出独特的送话器，但总免不了也要参考爱迪生的发明。

爱迪生和贝尔的发明，就像是氧和氢一样，只有使两者配合，才能制成完美的电话机。最后，双方的公司只好妥协了。

贝尔电话公司答应从利益里分出两成给西联公司，期限定为十七年，因而获得了全美国的电话经营权，西联公司则专门经营电报业。

现在，美国拥有数千万部电话机的贝尔公司，就是这样成立和发展的。

爱迪生研究所

爱迪生的脑海里，新的灵感就像泉水一样，源源不断地涌现出来。现在，他所需要的，是实现那些灵感的“手”。

不论多伟大的天才，他一个人所能做的工作都很有限。爱迪生研究所便集结了许多发明家，大家同心一志地完成各种发明工作。

这些所谓的“爱迪生先驱者”，都尊称爱迪生为“老头子”。其实，当时爱迪生还不到三十岁。由此可见，他的部下是如何的崇敬他。也由此可以看出，爱迪生是一个很优秀的领导人物。

爱迪生是个不修边幅的人，他常穿着和工人一样的破烂衣服，头发零乱，但一看就知道他并不是一个普普通通的人。的确，他是与众不同的。没有人能说出爱迪生的眼睛，到底是蓝色，还是灰色，或者是棕色。但他的眼睛有时像被阳光照耀的铜铁那般明亮，有时却又像深山里的池水那般澄清。

“那是有发明天才的人的眼睛。”

当时一位著名的记者这样说过：

“他就以这种天赋的热情，领导他的部下。一旦他决定了发明的目标，就不管工作人员多么辛苦，自己率先动手去做。看到所长这么勤奋，部下们当然也不敢偷懒，个个都受到爱迪生的热诚感化，工作非常努力。”

有一天，来了一个求职的人，这个人的名字叫作汉马。爱迪生瞧了他几眼，说道：

“不知道你做得惯不惯？”

“请您让我试试看吧！在我不能替你做事以前，我是不要薪水的。”

“那么，你明天早晨就来吧。你或许会有成就的。到这里来的人，大都先问薪水多少啦，工作几小时啦。其实，我这里是不发薪水的，而工作也比较辛苦。”

第二天，汉马如约来了。

“我来上班了，让我做些什么事情呢？”

爱迪生连头也不回地回答说：

“自己找找看。”

这是爱迪生的作风。汉马听了，有点摸不着头绪，忽然，他看到放蓄电池的木架有些脏了，便先打扫那里。说也奇怪，他做完这个工作后，很自然的又发现有其他应做的事情了。从此以后，汉马就再也没有请示过爱迪生要他做什么事情。

这就是支配着整个研究所的“爱迪生精神”。由于这个缘故，从那里培养出了许许多多有为的人才。

“爱迪生研究所是比任何一所大学更为伟大的大学。”

这个说法是有道理的。

“我给他们良好的训练，那就是长久的劳动和抢先的研究。”

爱迪生曾这样说过。

明露公园的研究所，曾经完成了很多重要的发明。因此，人们都说：这个新泽西的青年，是用自己的脚步，踏平了走向专利局的路。

会说话的机器

就在明露公园的研究所附近，有一栋砖造的平房，那里就是机械工厂。这里装有车床、钻床、磨床等各种工作母机，当时，在美国所能有的机械，这个工厂都能制造。

这个工厂的主任是从瑞士来的克留吉，他是一个很有才能的人，爱迪生所指定的工作，不管多么困难，他都能把它完成。

有一天，爱迪生拿了一张奇怪的设计图交给克留吉。

“请你帮我做这部机器。”

“好的，这是一部奇怪的机器啊。”

“嗯，要多少天才能做好呢？”

“还没有做以前很难说，反正我会不停息地去做，直到完成为止。”

克留吉和爱迪生一样，是一个能吃苦耐劳的人。他接到设计图样以后，就在工厂里不眠不休地工作。三十小时后，他将做好的机器，带到研究室里来了。

“做好了，所长。这到底是什么呀？”

爱迪生张着略带诙谐的眼睛，说道：

“这个呀，我向机器说话，机器就会照我的话重复说一遍，就像是鹦鹉一样。我把它叫作留声机。”

“哪有这种事！”

“你不相信吗？我认为是可能的。”

爱迪生一本正经地说。

厂长加尔曼在旁边听了，便说：

“喂，老克，算了吧，老头子又在开我们的玩笑了，无论如何，我也不相信有那种怪事。”

“你真的不相信吗？”

“是啊，我用一支雪茄烟和您打赌。”

“赌一支雪茄？好吧，我们就来试试看。”

他在机器上面贴了一张锡箔后，一面摇着把手，一面唱着摇篮曲：

玛丽的小羊，
穿着白衣裳；
玛丽一走动，
它就跟在后头跑。

爱迪生一唱完，大家都笑了。爱迪生也露出了微笑。他把机器调整了一下，又摇起把手来。说也奇怪！爱迪生嘶哑的声音，马上断断续续地从那部机器里传出来。

这一来，大家都吓了一跳。克留吉的脸也白了，嘴里喊着：

“哦，我的天呀！”

“我输了。”加尔曼说着，立刻掏出一支雪茄给爱迪生。

“所长，您怎么会想到这个玩意儿呢？”

于是，爱迪生点上那支雪茄，悠然地吸了几口后，开始向他们说明。

“这是我在研究电报和电话的原理时发现的。我一面打电话一面哼着歌，由于声音的振动，我的手指头被铁针刺了一下，便引起了我的灵感，我就想：

“把这个针尖的摆动记录下来，然后，再在同样的表面，用针摩擦，也许可以再发出那个声音来。

“我便赶紧制造机械，放进一张电信纸，一边拉，一边喊‘哈啰’。然后，再拉一次纸，屏气凝神地听着。加上想象力的运用，我好像能听到和刚才的‘哈啰’相似的声音。于是，我就开始进一步的实验了。”

那天，爱迪生同白彻勒整个晚上都研究着那部机器，一直到感觉满意才停止。第二天早晨，他便抱着一个小包裹，到纽约去了。

他首先出现在《美国科学家》杂志编辑部。

“早啊，哦，那是什么东西？”主编贝区问他。

“你等一下就知道了。”爱迪生说着，就把那小包裹放在桌子上了。

那是部奇形怪状的小机器，有一支很长的轴，一端挂着很重的车轮，另一端有一个小把手。

贝区用手摇了摇那个把手，发现电话机里传出来的声音说着：

“早啊！这部留声机你看怎么样？”

一点都不错，这是人说话的声音呢！

贝区惊奇得跳了起来。

“哈！哈！哈！”爱迪生高兴得直笑。用新发明的留声机，代他自己说话，这是爱迪生时常玩弄人的把戏。

“爱迪生带来了会说话的机器！”

这个消息很快传遍了编辑部。不一会儿，贝区的办公室就围满了好奇的人群。

不久，编辑部就挤满了各报的记者。爱迪生在那里表演了两三个钟头，后来因为人太多，楼上的地板都要被踩坏了，贝区不得不请这位发明家停止表演。

“划时代的伟大发明——说话的机器”

第二天，报纸上都用这个标题，竞相刊载这部奇妙机器的故事。大家都不懂它的原理，但它的奇妙不可思议，却更刺激了读者的好奇心。

“大家去看留声机吧！”

于是，特别由纽约加开列车到明露公园，每班火车都装满了数千观众，挤向爱迪生研究所。

“明露公园的魔术师。”这是爱迪生所得到的称呼。

起初，爱迪生曾带着那部留声机到处实验。他被邀请到华盛顿的时候，到场的有上下两院议员以及各界名流。

“这位是有名的参议员罗斯考·康哥林先生。”

“啊！久仰，久仰。”

爱迪生虽然跟他握了手，但因为耳朵不好，并没听清楚他叫什么名字。在这里，爱迪生仍旧放那首“玛丽的小羊”，然后，又唱了一曲小调。

从前有个小姑娘，
额头上面有卷毛；
有时是个好姑娘，
有时淘气怎得了。

凑巧得很，在康哥林参议员的秃头上，长了几根卷毛，正是漫画家的好题材。他本人对这几根卷毛也深感烦恼，爱迪生就在那个人的面前，播放这支关于卷毛的小调，大家听了都忍不住大笑起来。康哥林当然很不高兴，怒气冲冲地走了出去。爱迪生事后知道了这件事，也不禁笑了起来。

不久，白宫也来邀请他。起初，约定是表演三十分钟，后来总统夫人请了许多客人来，结果延长为三个钟头才结束。

爱迪生的留声机，有一段时期，就像是通灵术或透视术一样，笼罩着神秘的气氛。有人看了一下机器的内部，说：

“这里面一定藏着一个人。”

有一天，一位名叫文生的传教士来到明露公园。他很好奇地用手摸着留声机，爱迪生便对他说：

“也来试一下怎么样？”

他就靠近录音口，开始录他的音。他把《圣经》上面的人名，一个接一个的，很快地念了出来。对于他这种本领，爱迪生也感叹不已。

他录完音以后，爱迪生便摇了摇把手。留声机就照着他的速度，念出《圣经》上的人名。文生叹了一口气，说：

“哦，这是真的。再没有人能以这样的速度，念出《圣经》上的人名了。”

他大概是一直都认为，留声机里面藏着一个善于模仿别人说话的人哩！

当时，很少有像留声机这样轰动的发明。这个热潮越过大洋，传到了欧洲。

假如，爱迪生亲自带着那“说话的机器”访问法国，也许会受到狂热的欢迎，恐怕连从厄尔巴岛逃出的拿破仑也比不上他哩！

“不过，我是不喜欢热闹场面的。”

不久，爱迪生派留声机研究所主任华尼加曼，去负责欧洲方面的宣传。

在德国，对留声机表现最热心的是年轻的皇帝。他说：

“在我国的首次实验，必须在我面前举行。”

华尼加曼便带着留声机晋谒，皇帝很热心地研究那部机器，并说：

“今天晚上，再带留声机来一趟吧！”

那天晚上，在坐满了文武百官、贵宾淑女的大厅上，皇帝亲自在留声机边录音，并很得意地说明刚学到的音响、音波震动等原理，好像他便是爱迪生研究所杰出的技师一般。

更妙的是俄国。那时，爱迪生的留声机，正在公园的音乐厅公开表演。音乐放完后，刚开始那著名的基尔罗夫故事的时候，突然来了一队警察，扣押了他那部留声机。

“大胆！基尔罗夫的故事书，早在五十年前就依法禁止贩卖了！”

于是，让安分守法的市民听这荒谬故事的留声机被处“死刑”，主办的人也被处有期徒刑三个月。

有一段时期，研究所里面年轻的工作人员，都把留声机当作玩具看。其中，常利用它做恶作剧的，还是所长爱迪生。

一天晚上，一个很要好的朋友到他那里去，晚上就住在他家里。这位朋友刚踏进寝室，不知从哪儿传来一种可怕的声音，说道：

“现在是十一点钟。还有一小时！”

客人愣了一下，仔细看了看周围，但看不出有什么异样。

客人这才躺到床上，但始终睡不着。在宁静的夜里，只能听到挂钟的声音。

再过一小时，还会有什么事情呢？他脑子里这样想着，便在床上翻来覆去睡不着。不久，挂钟敲了十二响，忽然，又有声音传来说：

“十二点了。准备去死吧！”

客人吓了一跳，连忙撞开门往外跑。爱迪生却站在走廊上，大笑不止。

光辉照耀天下

GUANGHUI ZHAOYAO TIANXIA

普罗米修斯为人类带来光明，爱迪生却为世人创造光明。

电灯的发明

“我想去旅行，顺便休息休息。”爱迪生说。

他在这十年里，一直都在辛勤地工作着，简直连一分一秒都没有休息过。但他这次旅行，也并不是纯粹为了休息。

以前，他在改良电话的时候，曾利用碳素的压力变化阻力也会发生变化的原理，发明了微压计。这次为了使用微压计，观测一八七八年七月二十九日的日全食，实验它的功效，他才旅行到怀俄明州。

“你的微压计实在太精巧了。它可以测到华氏百万分之一度呀！”科学家们都感佩不已。

做完全食时日晷的辐射测定，爱迪生便同派克教授以及其他人，骑马到洛矶山去打猎。

归途中，爱迪生访问了在安东尼亚研究弧光灯的华莱士。华莱士很欢迎这位青年发明家的来访，让他详细地看自己研究的结

果，并且向他说：

“要是这种弧光灯能像煤气灯一样，在家庭里普遍使用，那就太好了。爱迪生先生，你对这点有好主意没有？”

爱迪生很郑重地答道：

“华莱士先生，你对弧光灯研究的成绩，真是了不起。可是，我想你的方向或许有偏差。”

当时，在爱迪生的脑子里，已经有电灯的构想了。爱迪生一回到明露公园，便抛开一切，专心于照明的研究。

他首先研究煤气灯。爱迪生这个人，不管是对什么事，都要加以彻底地研究，才能甘心。他不分白天或夜晚，整日藏在书库里，开始读那些有关煤气灯的杂志、论文以及世界各国的学术报告。

我们看他当时在研究所所作的笔记，就达两百本，四万页之多，就可看出他的热心和精力了。连那时的煤气事业权威史廷格，也佩服地说：

“我从没有见过像爱迪生这样精通瓦斯的人。”

爱迪生认为弧光灯并不足以威胁到电灯，瓦斯灯才是它当前需对付的。可是，当时的学术界，几乎全部反对他的看法。

英国有名的电气家布列斯认为：

“要将电气照明分割，绝对是办不到的，那无疑是空中楼阁。”

希格斯博士也断言：

“如果有发明家主张，他能把电流‘无限地分割’，那他一定是不知道，或者是忘了，已经被证明的能量不灭的法则。”

但是，爱迪生对于这些批评并不重视。

“不管学说如何，可能的就是可能。事实上，我已看到可能的灯光了，并不是由理论产生事实，相反的，是由事实产生理论的。”

爱迪生确信，解决问题的关键，在于寻求适于制造灯丝的物质。向来科学家们是用粗而阻力小的灯丝做实验。爱迪生却和他们相反，他寻求的是细而阻力大的物质。

于是，在明露公园研究所里，便由以天才爱迪生为首的一百名发明家，夜以继日地开始做电灯的研究。

“整个研究所的原动力，是来自于老头子那天赋的发明力，和那不可思议的想象力。可是，我们真无法捉摸，他会在什么时候，用什么方式表达出来。当他在吃饭、做实验或在车上的时候，随时随地都可能想出什么念头。我的主要工作，就是随时要记住他老人家的只字片语，使其成为研究所的原动力。”有人对明露研究所感到很好奇，秘书英沙儿便如此回答。

“那么，工作的计划方面如何呢？”

“计划？……我从来就没有考虑把老头子的工作进度安排好。事务所那边嘛，我会在自己的能力许可范围内，尽可能使他们配合实际工作进度。但研究所就不同了，现在，是几点钟啦，今天是星期几啦，这一类事，对我们都是不重要的。”

“那么，有事要找爱迪生先生的时候，您怎么办呢？”

“要接洽事情，就要在夜里到明露公园去。我大都在他吃宵夜的桌子上，请他花几分钟的时间看看来往的信件，或向他请示有关的事务。”

随着电灯研究的进展，爱迪生的精神，变得更狂热了。他常常工作到第二天早晨三四点钟。累了，便就近拿几本书当枕头，躺在研究室里的桌子上，呼呼入睡。

“睡在柔软的床上，人就容易懒散，还是这里好。”爱迪生这么说。

研究所的助手，也有许多人学他，一大清早就躺在桌子上，睡上两三个钟头。如果那人的鼾声大作，妨碍到别人的工作，便有人这样喊：

“喂，太吵了。给他戴上镇音器吧！”

这个镇音器是用肥皂箱子做的，把这个箱子放到桌子上，曲柄就会猛烈转动，发出轰隆轰隆的声音来，好像台风来袭一样，睡得再香甜的人，也包管会被吓醒。

这个镇音器大概也是爱迪生的发明，他向来最喜欢干这种恶作剧的。

“我常常想，老头子自己的体力和精力，都强过别人，也就不知道别人体力的极限，将来我的孩子长大后，一定对他父亲感到相当的陌生。”

爱迪生的一个部下奥托这样说。

有人觉得很好奇，便问他原因。

“因为，我大部分时间都住在研究所里呀。偶尔回家一次，那也是深夜了，孩子早已经睡着了。”

“那你为什么要在这样辛苦的地方工作呢？”

奥托想了一想，回答道：

“就因为有老头子在啊！”

绝望的发明家

爱迪生研究所里虽然很忙碌，但也并不是个个整天都板着脸孔。深夜里，看见大家都累了，爱迪生就会喊：

“大家吃宵夜吧！”

点心一送到，人们就挤了过来。谈笑的声音此起彼伏，研究室一会儿就变得闹哄哄的，窗户的玻璃都会震动哩！

这时，有人会弹起风琴，随着就有一个人唱起歌来，他唱得简直像鸭子叫，而且每次都唱这首歌。当那个人开始用他独特的怪声怪调唱歌时，研究所里的同仁总是会笑得人仰马翻。有时候，爱迪生也会走到风琴那儿，用他那不太高明的手法，弹起流行小调，成百的所员便随着琴声合唱起来。

在这种乐融融的气氛里，研究所同仁的心自然紧紧地结合在一起。

当时，爱迪生提出的目标很明确：

“我们理想的灯丝，是要尽量细，阻力要大，能在两千度以上热度中，维持一千小时以上才行。而且，还要不容易损坏，操作简单，制作费低，同时通电铜线的接触也要好。”

为了这个目标，爱迪生做过各种实验，但始终没有达到预期的成绩。

在金属线当中，阻力最大的要算铱、白金及其他耐火性合金。不过，经过实验后发现，如果只求有亮光，固然可以维持很久，但如果要它发出白热的光亮，一通上强烈的电流，它的寿命就很短暂了。根据研究所的记录，爱迪生用来实验的矿物、金属的种类，高达一千六百种之多。

一八七九年春天，罗利博士到研究所来。

“爱迪生先生，你研究的情形怎么样？”

“刚有了些眉目，可是，还没有得到结果。”

“嗯！我要告诉你一件事。”

“什么事？”

“投资在这个发明上的摩根、维拉德那几位资本家，已经等得不耐烦了，似乎正在考虑是否继续这个研究。因为，这种研究已经持续一年多了。”

“是啊。”

“他们的意思是，即使还没有完成，也想看看研究的成绩。”

这么一说，爱迪生也无法拒绝。

“好吧，我们就实验给他们看看吧。”

预定实验的日子到了，所有被邀请的人，都来到了明露公园。一切都装置妥当，电流也通到灯泡上。

但灯泡只发出一些微弱的红光。

“加强电流！”爱迪生命令克留吉。

“再增强！”

但灯泡儿还是不太亮。

“再加强一点！”

刹那间，灯泡发出了像星光一般的亮光，不一会儿，砰的一声，灯丝断了，四周立刻又恢复黑暗。

白彻勒立即换上一个新的灯泡，重复地实验。两次、三次，结果，还是一样。

实验失败的消息传出后，对爱迪生的批评和攻击，不断地传到明露公园的研究所来。

“幻想家！”

“骗子！”

“傻瓜！”

这一次，爱迪生的确受到了很大的打击。不仅他所有的努力都成泡影，就连其他所员的成果也被否定了，爱迪生心中的苦闷可想而知。

在这四面楚歌的情形下，唯一给予绝望的爱迪生鼓励的，是罗利博士。

“资本家们或许不再出钱了。不过，即使所有的人都背弃了你，我仍然会支持你的。干下去吧！我相信你一定会成功的。”

爱迪生紧握着博士的手说：

“是的，我决心继续干下去，我一定会成功的！”

在最后的关头，仍能鼓起勇气继续奋斗，这就是伟人的共同特质。

再接再厉

爱迪生重拾信心，继续研究电灯的制作，经过十三个月不曾间断的实验。爱迪生终于发现，白金及其他金属不能用来作灯丝，那到底要用什么东西来做呢?

爱迪生沉思时有个老习惯，就是将左手指插进头发里，右手无意地摸索着桌面。这时，桌子上刚好摆着一块涂过沥青的油烟块，那是研究电话送话器的时候用的。

“几乎所有的东西，我都实验过了。其他还有什么可以做灯丝的东西呢?”

他一直想着，右手无意识地揉着那油烟块，大约有三十分钟之久。不知不觉之间，油烟块已经变成像灯丝那样细的长条状。忽然，闪电般的念头掠过他的脑海。

“哦，就是这个东西！”他马上喊来助手白彻勒。

“请你把这个油烟块和沥青揉和在一起，做一条炭丝。”

“要做什么用？”

“做灯丝。请你马上去做！”

不久，白彻勒就拿着做好了的炭丝过来了。

“所长，这个混合物根本不行，用指头一揉就坏了。”

“你做多久才完成的？”

“大约一个多钟头吧！”

“那么，再多花两三个钟头吧，一定会成功的。”

果然，这次终于做成一条韧性很强的灯丝。它的阻力虽然比白金大，但光也只在一瞬间就消失了。

“这是什么原因呢？”

爱迪生就针对这一点再做进一步的研究。他终于发现，是因为油烟里的空气没有完全排除以及那条细线太过脆弱的关系。

他立刻下令清理研究所。金属性的灯丝全部被收集起来，放到库房里。然后，马上准备炭丝的实验。

发明成功

爱迪生又开始热心地研究炭丝制作。

研究记录簿上有这样的记载：

“一月二十七日——工作了七个钟头，由于光的亮度太强，造成眼睛疼痛，不得不暂时停止工作。”

次日的日志上，有这样的记载：

“昨晚十点到四点，因为眼痛，感到非常痛苦，吃了安眠药后才入睡。醒来时，眼睛已经好多了，到了下午四点就不疼了。今天的光阴白白损失掉，真可惜。”

在这期间，爱迪生的研究渐有进展。他发现，炭的溶解点达到华氏七千度，阻力比其他任何物质都大，如要用炭做成灯丝，应该尽可能保持它的强度，并给予适当的固着性。

用于电灯的电压，经他们实验后定为一百一十伏特。由于电压高，可以节省很多导线。但是，如果不把灯丝做得细些，阻力就会过小。所以，他们的工作是相当艰苦的。

一天，爱迪生忽然喊住助手说：

“赶快去买棉线，我要用它做灯丝。”

助手们听了，都显出没有把握的神色。心想连最坚硬的金属都受不住电流的热，细弱的棉线怎么能用呢?

“因为棉线不含空气，经过炭化后，一定比白金和油烟更能耐热。白彻勒，请你马上准备。”

整个晚上，爱迪生和白彻勒都在研究如何把棉线炭化，那真是一件需要耐性的工作。

他们将弯曲成发针形状的线，放进镍土里，使它固定后，再放进火炉里烘五个钟头，然后，从镍土里取出来使它冷却。但一拿出来看，线就断了。他们总共花了一个晚上的时间，都没有成功。

第二天，又一直实验到晚上，共用掉了一卷棉线，才好不容易做成炭化棉丝。

“小心！可不要弄坏了！”

白彻勒就像用双手捧着宝贝似的走在前面，爱迪生紧跟在后面。但才走到工作房的桌子旁边，棉线又断了。

“再来试一次。”

两人又回到研究所去工作，直到傍晚才做好，但正要接上导线的时候，又坏掉了。

经过他们再三努力，终于把炭化棉丝装在灯泡里，并通上了

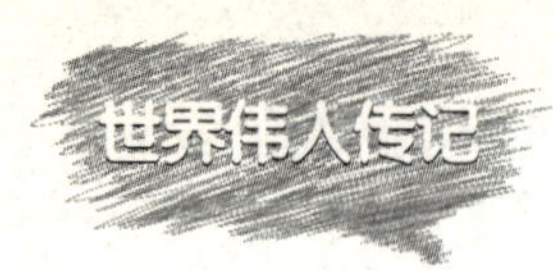

电流。

“啊！亮了！”

可是转瞬间，灯泡里面的炭就剥落了。

爱迪生并不感到失望。终于在那天，又继续实验了一整天，灯泡里发出了辉煌的光亮，好久都不熄灭，这就是世界上最早的白热电灯的光。

“能维持几小时？”研究所里面的人都兴奋地注视着。

电灯发光的时间越久，他们便越兴奋，没有一个人想去睡觉。由那个晚上，直到次日的白天、晚上，电灯都一直发着光，维持了四十五小时。

那天是一八七九年十月二十一日，这一天就被定为“电灯纪念日”，现在全世界的人，都要在这一天庆祝一番。

被人们认为不可能的事，终于成为可能了。二十世纪最伟大的发明，终于完成了。

更臻完美

爱迪生虽然得到了胜利，但他并不因此而满足。虽然，在技术上是成功了，但假如要使它产业化，那就要做出更实用的灯泡。

从那天起，爱迪生几乎把世界上所有的物质都拿来炭化了，不论是硬的纸、软的纸、名片、制图纸、浸过沥青的纸，各种缝纫用的线、钓鱼线、浸过油烟的线、用细纤维捻成的线，椰子的皮或果实，枞树、莴苣、枫树及其他植物的纤维，他都拿来炭化。

有一天，爱迪生在少年时代就认识的那位蒙特·克列敏斯车站站长麦肯齐来访。他是一位很滑稽的人。

“哦，各种各样的物质都炭化了吗？”

“是的，凡是我想到的都给炭化了。不过，还有一种东西我没用过。”

麦肯齐老人一边用手抚弄着他那像熊毛样的胡子，说道：

“那是什么呢？”

“就在你的眼前呀。”

“啊？”

“老兄，是这个！”

老人笑着，就把自己胡子拔下五六根给他。当“麦肯齐的胡子”通上电流，发出红光的时候，成百的研究员都大笑不止。

事实上，当时，在研究所里面的东西，不管是手杖或雨伞，无一能幸免。一被发现，都会被拿去炭化，所以有人这么说：

“假如，瘸子去访问研究所，回来的时候，他可能会没有拐杖了。”

最后，爱迪生把纸的纤维予以炭化，做成二十个灯泡，并决定用这文明之光，照亮整个明露公园。

这个消息一传出去，宾夕法尼亚铁路便立刻加开专车，专载旅客来参观这个灯光照耀着的研究所。而且，它的灯丝是由一片纸炭化而成的，这更刺激了社会上的好奇心，大家争相传播这个消息：

“信不信由你，爱迪生的灯丝，是用一片纸做成的。吹一口气它就会飞走，用这种纸屑通上电流，它就会发出像意大利秋天的晚霞那么明亮美丽的光。爱迪生就利用这一片纸，做成比白金更不易燃烧、比大理石更坚硬的东西。”

从那天起，访问研究所的人急剧地增加。由于好奇心而来的，想捞一笔钱财的，各种各样的人都挤向明露公园来。不得已，爱迪生只好叫一个所内最不通人情的人，来担任守卫，谢绝会客。

因为研究工作还未完全成功，虽然用纸做成灯泡，已经惊动了全世界，但要使它成为普及的生活必需品，还需要下相当的功夫哩！

有一天，由于连日的实验，爱迪生感到很疲倦，便回到自己的房间去休息，时间已经是清晨四点钟了。

“九点请帮我准备早饭。”

他向佣人交代后，一躺下很快地就睡着了。

过了一会儿，白彻勒也来吃早饭。他看到爱迪生躺在椅子上睡得正香甜，脸上立刻露出一抹诡异的笑容，心里不知道在打什么主意，来开爱迪生的玩笑呢。

白彻勒吃完饭，坐在椅子上休息。这时，时针正好指着九点钟，用人便进来喊爱迪生：

但爱迪生翻了个身又睡着了，用人便用力摇晃着爱迪生的身子。

“哎呀！请你轻一点好不好？内脏都要给摇晃出来啦！”

他一边说着笑话，一边起身坐在椅子上。趁着用人去拿饭菜的几分钟，他又坐着打起瞌睡来了。

白彻勒就利用这个机会，很快地将自己吃过的碗盘，摆在爱迪生面前。

爱迪生醒过来，看到面前的空碗和盘子，心里想着：

“原来我已经吃完饭了！”

他便像往常一样，点上一支雪茄，深深地吸了一口，心满意足地回实验室去。

“假如，要在干草堆里找出一根针，他绝不以搜索这附近为满足；他会像蜜蜂那样勤勉地，在干草堆中一根一根寻找，非达到目的，绝不停止。”

尼哥拉·迪斯拉曾这样形容过爱迪生：

“一八八〇年的春天，有一天，爱迪生工作得累了，呆坐在研究所的大桌子前面。他无意中拿起桌子上放着的棕榈叶扇子，在手里玩弄。突然，闪电般的念头掠过爱迪生的脑子。

“他忽然拔下竹扇柄，大喊白彻勒。白彻勒来了，他便说道：

“‘请你把这根竹棍子剖得细细地，马上炭化看看。’

“实验的结果出乎意外的成功，比过去所实验过的一切物质成绩都要好。用显微镜试验的情形也良好。

“他立即命令部属摩亚，前往中国和日本寻找竹子。摩亚一到日本，便直入农村。一年竹、二年竹、三年竹，各种竹子都被拿来做试验，几百根样品，被送到爱迪生研究所里。

“此外，爱迪生又派布劳亚到南美境内亚马孙，派麦克哥安、汉尼顿两位青年到南美各地，派李加顿到印度、南洋。据说，他用来炭化的植物，达到六千种之多。实验的结果，以日本产的某种竹子最为优良。”

于是，在还没有发现钨丝灯泡以前的九年间，日本竹子便一直被用作灯泡的灯丝。

“强宝”发电机

不要以为白炽电灯只是一种发明，其实它是由好几种发明结合而成的。

“现在，电灯完成了，从今以后，还要研究发电照明所必要的装置。”

爱迪生便又继续研究其他照明装置。

在一八八〇年间，爱迪生就有二十五种有关电灯的发明；其中的七种是配电，五种是关于灯座及其他附属品，六种为发电机，七种是关于各种装置等。

其中最重要的发明，要算是发电机。从前使用于弧光灯的发电机效率很差，其中六七成的电力，都消耗在发电机上。像这种情形，当然不能和瓦斯灯竞争。

“我打算研究一种不但能节省电力，又可增加能量的发电机。因为，我们即使给发电机和配电线再多的电力，它们也不能多发出一分电能。”

爱迪生说着，又埋头于发电机的研究。

新的发电机做好后，克留吉就来报告：

“所长，我觉得有点奇怪。”

“怎么啦？是不是发生故障啦？”

“不，发电机的效率很好。”

“效率好，那有什么关系呢？”

“不过，它好得令人难以相信呢！一定有什么地方不对。”

“嗯，那请阿布顿检查一下吧！”

被称为数学天才的阿布顿重复算了几次，它的效率仍是增加了百分之九十以上。就因为研究完成这种发电机，电灯事业才能成为世界上重要的大事业。

当时纽约的动物园里，有一只很受欢迎的大象“强宝”，爱迪生便引用它的名字，来为他所发明的发电机命名。

那时，刚好在巴黎举行世界博览会，爱迪生为了向全世界宣传电灯，便决定将这部“强宝”发电机运去参加展览。

为了要装运“强宝”，几乎动员了所有研究所人员，并请纽约警察管制交通。虽然为了参加巴黎的博览会，搞得大家手忙脚乱，却因此使人们知道电灯的真正价值。

权威电器学者戴蒙赛，对爱迪生的努力，表示极大的敬意，他说：

“当我听到爱迪生在美国完成了白炽电灯的发明报告以后，我真不敢相信它能合于实用。按理说，用纸炭化的灯丝通上电流，只会化成灰。可是，在巴黎的博览会看到实物后，才知道那真是件了不起的发明。我很敬佩他，他在电灯的研究上，一定花了不少心血。”

转亏为盈

电灯发明成功之后，爱迪生以为资本家一定会乐意投资，但事实却恰好相反，美国资本家都对电灯业表示怀疑，投资意愿很低。

爱迪生于是决定变卖他所有发明的收入、专利费以及电灯公司的股份，设立一个制造发电机、灯泡、灯座、计器、安全器及其他附属品的工厂。

最初，一个灯泡的制造成本要一元二角五分。这么贵的灯泡，当然无法与瓦斯灯竞争，于是，爱迪生便向电灯公司的董事会说：

“假如公司和我订立十七年的长期合同，公司所需要的灯泡，全部由我来供应，我一个灯泡就只收四角钱。”

电灯公司当然很高兴，立即签订了合同。

刚开始时，灯泡的成本还高达一元一角，到了第四年便降到三角七分，这时才把以前的亏损全部收回。

发明家之路

FAMINGJIA ZHI LU

发明之路虽然艰苦崎岖，爱迪生却从不感到失望，他的脑子里充满了未来的计划。

爱迪生和电车事业

一八七八年，爱迪生为了观测日食而到西部旅行。他靠在车上的窗口，眺望着广阔的麦田，农夫们正用马车装载着满满的农作物，辛苦地走在凹凸不平的路上。爱迪生看到这个情景，心里觉得很难过。

“能不能做出一种比火车道的铁轨轻便，在任何地方都可以简便架设的小型电气铁路？假如办得到的话，那些农夫就不用再这么辛苦了。”

这件事引起了爱迪生从事电车发明的动机。

一八八〇年初，他趁电灯的发明告一段落的机会，在研究所后面的空地上，架设了铁轨，开始电车的研究。

在那个时候，电车并不是一种很新奇的构想。在前一年的柏林博览会里，西门子公司曾架设了约五百米长的铁轨，驾驶过像玩具一样的电车。

爱迪生这次是在研究所后面的空地上架设的，只有一公里长的铁轨，地面凹凸不平，既有很大的斜坡，又有许多危险的转弯处。火车头是使用Z型十二马力的马达，电流是由地下管线通过。

五月的一天，电车准备要试车了，研究所的人员全部停止工作，嘻嘻哈哈地搭上了电车。但等他们全都搭上去，机器就坏了。不过，很快地又修好了，车子再度顺利地开出。

“好哇！”

这话还没有说完，电车又出轨了。幸好没有人受伤。

研究所的人员都知道，举凡是新发明的东西，出事是免不了的，所以他们也就说说笑笑，拍掉身上的灰尘，回到研究所去了。

到了六月，这部可爱的电车便发出轻快的声音，在短短的铁轨上疾驶。

爱迪生似乎很喜欢让客人坐在这个尚未完成的电车上。一次，罗利博士来拜访他的时候，爱迪生坚请他坐上这部电车，罗利博士忐忑不安地问他：

“真的没有问题吗？”

“没有问题，这部车子的引擎性能很好。”

但是，在大转弯的地方电车却出轨了，驾驶人克留吉被抛了出去，头撞到地上，另外一个人也被抛到草地上。

这时候，爱迪生很机警地跳了下来，笑着说：“哈，哈！这是了不起的事故，很好玩吧？”

爱迪生喜欢恶作剧的个性还是没变。

经过几次失败，爱迪生的电车终于一天天接近完成了。

起初，美国的企业家对电车并不感兴趣。他虽然一再鼓吹，却没有一个资本家愿意投资。宾夕法尼亚铁路的汤姆生董事长断言说：

“谁说电车将会代替火车？那简直是梦想。”

不过，有一位北太平洋铁路公司的董事长费拉德，向爱迪生说：

“爱迪生先生，你好好地干下去吧！西部的农民们，得走一百多公里的路，才能走到火车站。想要铺设铁路却又不合算。你的电车要是完成了，那些没有开发的荒地，就可以渐渐地开发了。”

费拉德慷慨地拿钱给爱迪生架设更长的电车轨道，委托他做进一步的实验。爱迪生很高兴，立刻把铁轨延长到五公里半，并装上了开闭器和其他设备。火车头有两部，一部是客车用的，比较轻快，另一部是货车用的。客车用的能拖上三辆车厢，装载九十个客人，一小时的速度是六十公里至九十公里。

不久，爱迪生和费拉德订立了合约。决定要在西部的农业地带，先架设八十公里的铁轨，正式开办电车事业。但不久，费拉德因为生意失败，将北太平洋铁路转让给他人，所以这个计划也就没能实现。

十年以后，费拉德又回到北太平洋铁路公司，计划将山岳地带的铁路，予以电气化，于是他又来请教爱迪生了。爱迪生便利用第三轨条的方式，设计一种电气机车，在研究所里面实验。

爱迪生的这一方法，若干年后才由纽约中央公司采用，对于以后大都市的地下铁路发展，有很大的贡献。

第二次结婚

一八八四年，正当爱迪生献身于电车发明的时候，命运之神又来捉弄他了。

他的爱妻玛丽，为他留下三个孩子后便去世了。她去世后，家里立刻显得很寂静。

在他爱妻出殡的那一天，爱迪生破例地梳了头发，皮鞋也擦得很光亮，穿上黑礼服去参加葬礼。

在葬礼中，他很感慨地回想这十一年的生活。那个时候，他们曾用铜板在桌子上敲出摩尔斯信号，用以传达他们的心声。他们也曾在春光明媚的郊野一同散步，倾谈着未来的生活美景。他们结婚后，她为他生下了长女玛莉安，其次是长子托马斯、次子威廉。

两年后的一天，爱迪生受邀到创办留声机事业的同伴吉利兰的家里去。

“爱迪生先生，你来得正好。麦娜·米拉小姐也在这里，我们请她唱首歌给你听吧。”

主人吉利兰便热心地为他们做了一番介绍。

“你好，我是爱迪生，希望我有这个荣幸能听到你的歌声。”

“你好，我叫麦娜。”

这位十九岁的妙龄女郎，抬头望了一下年纪相当于父辈的发明家，点着头说道。

“麦娜小姐，请唱吧！”

“好的。”这位少女便很大方地坐在钢琴旁，边弹边唱起来。

在回家的途中，爱迪生便和吉利兰谈起麦娜小姐。

“你认为她的歌唱得好不好？”爱迪生问他的朋友。

“我觉得并不怎么样。”

“哈、哈，不过，她看起来倒是位很爽朗又可爱的小姐，学识也很不错。她是谁家的小姐呀？”

“你认识文生牧师吧？”

“认识，我跟他有过一面之缘。”

“麦娜就是和那位文生牧师一同发起夏透瓜夏令营，被称为‘成人教育运动之父’的路易·米拉先生的千金。他是以发明、制造农业器具起家，但却以社会事业家闻名于世。你对麦娜小姐好像很感兴趣嘛！”

“当然喽！虽然唱得不怎么好，却敢毫不畏缩地在别人面前唱起来，谁都会感兴趣啊。”

格列蒙特的新家

不久，爱迪生便和麦娜小姐结婚了，他们婚后在橘山下买了一栋豪华而又雅静的三层楼房子。这个格列蒙特的新房子，是安妮女王时代的英国式建筑，一到夏天，绿色的草地上就会开满各色各样的花朵。

“这栋房子真是不错。”

被别人这么一提起，爱迪生总会微笑着，把手轻放在年轻的太太肩上，说道：

“我们才结婚的时候，我本想买一栋价值约两万元的房子。但一看到这栋房子，我就爱上了。想到有艺术天才和趣味的人，积十年的热心研究和努力，是应该有这么一栋房子，我便毫不犹豫地买了下来。虽然对我来说，这个房子的确太好了，但对我这位美丽的太太来说，它还不够完美呢！”

“这栋房子是有相当来历的吧？”

“是的。有一个叫贝达的暴发户，投下五十万元的巨款，盖成了这栋房子。后来，他的事业失败了，因为要到西班牙去，所以只好以十万元的低价卖掉，但好久都没有卖成，我就用一半的价钱把它买下了。”

“你是说，这栋大房子，全部才用了五万元吗？”

“是的。家具、绘画、铜像、胸像、有五千册书的图画室、古董、日本屏风、十三英亩的庭院和果树园、一英亩的温室、牛马鸡鸭、库房里的干草、厨房的面粉等等，连同他所养的熊，一切都包括在内。”

从此，四十岁的大发明家和十九岁的新娘，就在格列蒙特的新房子里，过着快乐的生活。

前妻玛丽，是爱迪生的第一任太太，他们结婚的时候，爱迪生还是一个默默无闻的青年发明家。玛丽与爱迪生由于出身相同，而且还曾同在一个公司工作，所以他们婚后的生活过得很融洽。

但是，麦娜嫁给他的时候，他已经是一个名满天下的大发明家了，但他仍然不修边幅，只热衷于发明，所以麦娜一直希望能改变他。

“你们知不知道，做一个伟人的妻子有怎样的感觉？”后来，她曾这样说过。

有一次，瑞典的皇太子和太子妃来访问他们的时候，麦娜夫人要他换上新的衣服，他却说：“咳！用不着。反正我的衣服不用多久，很快就会弄脏的。”

按照预定的日程，两位贵宾参观研究所和工厂之后，要到格列蒙特他们的寓所来共进午餐。所以麦娜夫人特地准备了一部华丽的轿车，停在研究所的门口。

但当爱迪生看到那部华丽的轿车里，坐着一个服装考究的司机，立刻显得很不高兴。他举手把平常乘坐的那部老福特车叫过来，微笑着请这两位贵宾上去，太子和太子妃也都很高兴地坐上那部老爷车。

爱迪生这个人，在他成名以后，还是不改他以往的作风。从小就讲究礼貌、规矩，在上流社会长大的麦娜夫人，应该如何应付呢?

“不管他多么不修边幅、不讲客套，大发明家总应该有一套和他身份相配的生活方式。”

这是夫人的看法。她设法要将爱迪生的生活，慢慢地改变过来。

自从新夫人来了以后，爱迪生的穿着比以前整齐多了。白衬衫也都烫得笔挺，他那一套大衣，也给人朴素而又高尚的印象。对于吃的东西，夫人也很注意。由于长期的经验，夫人知道什么东西最适合这位发明家的健康。晚年，爱迪生常吃的食物，主要的是菠菜、番茄、胡萝卜、沙丁鱼和牛奶。

“这样的菜单对于别人并不适宜。但经我研究的结果，我发现这些菜对他最有益处。”

夫人对他这么体贴并周到，爱迪生也就没话可说了。

有时，爱迪生躲在研究所里工作，饭都不回来吃，这时夫人便会亲自将一些经她精心烹调的菜肴送去给他吃。

爱迪生的体力渐渐地不能应付通宵的工作以后，夫人常常亲自到研究所接他回家。为了不让他有在家里不能工作的借口，便在格列蒙特的家里，设立了一个和研究所相同的实验室。爱迪生通宵工作的时候，夫人也在自己的房里做事，一直到天亮。所以有人说：

“假如，没有这位贤明的夫人，爱迪生一定会提早二十五年，而且还一文不名的死掉呢！”

橘山研究所

爱迪生买下了格列蒙特的房子以后，便在附近建立了一座新的研究所。原来的研究所因为有一些不完备的地方，所以他便花了很多的钱，为橘山的新研究所添置很完善的设备。

他唯恐民众一来参观，会妨碍研究工作，于是他严格吩咐守卫，绝对不准闲杂人进入。

尼克是一个忠实的守卫，一直跟随着爱迪生，直到他去世。尼克还很年轻的时候，就在研究所里工作了。他第一次当守卫的时候，有一个衣服很邋遢的人，走向研究所来，并且擅自推开门想要进去。

“你有什么事呀？”

“有什么事？我要到研究所里，快开门吧！”

“不行的。”

“为什么？”

“除非有通行证，或者是爱迪生先生所邀请的客人，除此以外一概不准进去。”

“哦，原来如此。”

这个人说罢，就走了。

尼克望着他那身龌龊的衣服，还暗地里骂了他这么一句：

“哼，大摇大摆地就想冲进来哩！”

但说也奇怪，刚才那个人又同研究所的人来了。

“你不认识这个人吗？”所员很正经地问守卫尼克。

“不认识，爱迪生先生又没有交代过。”

这一下，所员可吃了一惊。

“喂，老兄，这位就是爱迪生先生呀！”

从此，尼克便很受爱迪生的赏识。

研究所是栋三层楼的建筑物，宽八米，长达七十五米。另外有四栋三十米长、六米宽的砖造房子。

研究所的图书馆在一楼，内部全是用树木建成的，屋顶很高，里面用书架等隔成好几个小房间，非常整齐雅洁。书架上摆满了五十年来的英、德、法、意各国的专门杂志和报告书。

在靠近出口的那个小房间，是爱迪生先生专用的。因为他一感到疲劳就会想睡觉，所以特别准备了一张床。

走出图书室便是仓库。里面有关研究所需要的药品、材料，应有尽有。

仓库的另一边，是占地很广的机械工厂。研究所需要的机器，大多数可以在这个工厂里自己生产，所以不用到外面去订制。

三楼有一个大房间，里面陈列着爱迪生的各种发明品、器具和机械，好像是一个科学博物馆。另外还有一些小房间，其中一间是爱迪生的办公室，经常有位秘书在那里处理研究所的事务。

圆盘唱片

爱迪生经过一番努力，终于成功地制成圆盘唱片。这种唱片不会受温度的影响，而且坚固耐用。另外，爱迪生又获得蜡质圆筒、蓝宝石唱针、钻石再生器等八十几种专利。由于这种改良型的圆盘，留声机的实用价值也随着提高了。

不久，爱迪生便在橘山研究所附近设立了一个工厂，开始制造留声机和圆盘唱片，使留声机事业成为世界性的事业，还可以录制音乐。

爱迪生很喜欢音乐，并且也很了解音乐的真正价值。他认为：

“假如，只是为了生存，有了衣食住也就够了。但假如要生活得像一个人，那么身心就需要有音乐。

“书本固然重要，但在美国能认真看书的人，还不到四分之一。音乐这个东西，大家都能听。除了宗教以外，音乐是最能安慰、鼓励人们心灵的东西了。不过，今天的音乐和四十年前的电气一样，仍在落后的状态，我要使它发达起来。这个工作，我想在三年以内完成。我要使留声机成为世界上最伟大的乐器。”

爱迪生对于音乐确有极敏锐的感觉。不论是多么著名的音乐家的唱片，不经过他亲自试听，一概不准出售。

一般人听不出的小错误，他都能清楚地辨别出来，因为，他自己的耳朵有毛病，所以常说：

“那种错误连聋子都会听出来的。”

他又说：

“我的耳朵可以防止那些扰乱一般人听觉的杂音。所以，内耳的感觉特别敏锐。”

如果，遇到太差的女高音歌手，他会不客气地挖苦说：

“这像什么！如果你想赶走壕沟里的德国兵，最好是放这张唱片吧。”

有一次，著名音乐家汉斯·凡·尤路到橘山演奏。事后，爱迪生指出音谱的错误，他的门徒听了很不高兴，坚决地说道：

“没有这回事。伟大的凡·尤路怎么会有错误呢？绝对不可能的。”

爱迪生很镇静地答道：

“好吧，放他的唱片听听。”

当圆盘转动到那致命的部位时，凡·尤路竟昏倒了。爱迪生急忙叫人用冷水往他的脸上泼。

等到凡·尤路清醒过来后，这位大音乐家一句话也没说，低着头拿起帽子就走了。从此以后，人们才真正相信爱迪生音感确实相当准确。

爱迪生认为由于留声机的出现，才使音乐回到正途。

“这些人在社会上都被认为是伟大的音乐家。虽然有不少的小缺点，在音乐厅里是听不出来的。但只要透过这个喇叭来听，一切就都很清楚。我的留声机绝对不会含糊的。我捉住了它的紧要关节！”

巴黎博览会

一八八九年春天，在巴黎举行世界大博览会。其中最受欢迎的就是爱迪生馆，尤其是留声机馆。在会说世界各国语言的几十部留声机前面，站满了成千的观众，等候着听自己本国的语言。

博览会快要结束的时候，爱迪生应邀到巴黎访问。

爱迪生到法国首都的时候，巴黎市民对他疯狂的程度，真是令人难以形容。大家只要见到他，便一窝蜂地拥上去。不仅富豪名流争着宴请他，各个团体单位也都争相邀请，场面非常的热闹。

后来，爱迪生被意大利国王封为伯爵的消息，传到了美国。爱好民主的美国人民，固然希望爱迪生能婉谢这个爵位，但因为自己的同胞获得这份荣誉，大家又都对这件事感到与有荣焉。

所以，爱迪生从欧洲旅行回来的时候，新闻记者第一个问题便是：

"您真的成为伯爵了吗？"

“没有。”

对这个回答，记者们都感到有点失望。爱迪生立刻安慰他们说：

“不过，在法国却接受了这个东西。”

说着，就拿出文化勋章给大家看。

“这是法国人给外国人最高的勋章。夫人很高兴，硬要我挂在胸前。但是，一遇到美国人，我就赶紧把它摘下来。因为，我怕被别人取笑呀！”

爱迪生对于这样的事，就像孩子一样的怕羞。

电影的发明

留声机发明后，爱迪生又开始从事电影的发明。电影最初被称为影戏。当时有一位名叫梅布列治的人，他很喜欢赛马，有一天他和朋友打赌，认为当马全速冲刺的时候，一定有一段时间浮在空中。为了得到解答，他们便在路旁摆了很多架相机，从开关拉一条线到马的跑道，依序拍下马的动作，这就是电影的起源。

爱迪生发明的留声机，可以记录声音的运动，他便想发明可将眼睛运动记录下来的东西，于是开始着手研究电影。但要拍摄电影，首先需要有感光度极好的摄影机，才能在一秒钟内拍五六十张照片。而且，还必须要有轻而不易坏的底片，由于原来的玻璃底片已经不能使用了，这些问题都是需要极力改进的。

后来，爱迪生在研究所里面盖了一座摄影棚，那是一座奇形怪状的木造房间，外面全都漆成黑色，研究所的人帮它取了个名字，叫作“黑色的玛莉亚”。它的屋顶是自由开闭式的，可以从各个方向取得光线。爱迪生曾利用“黑色的玛莉亚”，拍摄了许多初期的电影。

一八九三年时，爱迪生发明了一种叫“镜箱”的东西。人们只要丢进一枚铜板，就可以从洞孔观赏箱子里面的电影。“镜箱”虽然曾经风靡一时，但它也只能算是一种玩具而已。如果要使它成为大众化的娱乐，就需要放大影像，使多数的观众可以同时观赏。

起初，电影都是以疾驰的火车、尼加拉瓜大瀑布的情景等写实为主，只是偶尔穿插一些有趣的特技镜头。

后来，经过许多人的努力，已经可以清晰地将影像放映在高三点六米、宽六米的银幕上。观众们看见银幕上放映着实物大小的彩色影像，都惊叹为“科学的奇迹”。这对现代的电影有很大的贡献，使现代电影工作者，只需作电影剧情本身技术的改善。

开采铁矿

一八九〇年，东部地方的铁矿产量急剧地减少，刚刚起步的美国铁矿业，因而逐渐陷入自灭的绝境。爱迪生因此想利用他发明的电磁气新式采矿法，拯救铁矿业的没落。

他详细地调查加拿大到北卡罗来纳州一带的山地，终于在新泽西州的北部沙色克斯，发现了丰富的矿脉。他就把那座矿山命名为爱迪生矿山，开始经营铁矿的开采。

爱迪生先挖掘山上的泥土，再以矿石粉碎机将它碾碎，最后用电磁气收集铁粉，压缩成砖块大小，以便搬运。

爱迪生铁矿，一直夜以继日地进行着建设工程。爱迪生还是那个老脾气，说做就做。盖仓库的时候，他命令工程师史密斯说：

“要在二十四小时内将地面整平。”

这真是无理的要求，但史密斯马上亲自督促四十个工人，不眠不休地砍木头、填土，终于如期完成了。

“咱们这位老板是最讨厌工作时慢吞吞的。”

关于铁矿事业，副董事长马罗利虽然是专家，但在这里所用的采矿法，是打破传统而具有独创性的方法，所以一切都要依赖爱迪生那股伟大的发明力。

有一位工程师，被命令设计一种采矿的新机械。经那位青年工程师绞尽心血，才做出三种设计图样，但爱迪生都不满意。

“就只有这几种？”

“是的。”

“这哪行？再去研究看看！”

那位工程师听了，便顶了这么两句：

“我已经尽了我所有的能力了，再没有考虑的余地了。”

爱迪生也就默默地接受下来，两天后，那位工程师一上班，看到桌子上有爱迪生放的一叠纸，不知是做什么用的。打开一看，原来，里面有四十八种设计图样哩！

由于爱迪生不断改进开采方法，并严格要求效率，所以不仅采矿的费用降低，铁砂品质也很优良，爱迪生铁矿的业务因此日益蓬勃发展。

就在此时，发生了晴天霹雳的大变动！

因为在明尼苏达州的美沙巴山脉，发现了矿藏丰富而且优良的贝世马矿，铁的价格便因此暴跌了。

铁砂的价格受这个影响，由每吨六元五角跌到每吨三元五角。

爱迪生经过不屈不挠的努力，倾注全部财产的大事业，由于受到价格的波动，一切都变成了泡影。

爱迪生决定关闭铁矿的时候，已背上了好几十万元的债务。债权人也都蜂拥而来。爱迪生只好和马罗利一起下山，回到橘山去。

爱迪生和马罗利两人在火车上，谈着日后的计划。最后决定利用采矿事业已有的知识，建设一个水泥工厂，爱迪生并决定尽全力，作蓄电池的发明。

爱迪生的铁矿事业虽然因此告一段落，并因此负债累累，但他并不觉得很沮丧。

后来，爱迪生回忆开采铁矿的那段时间，说：

“在这里工作的五年中，是我最愉快的时候。这里工作虽忙，但用不着担心其他的俗事。这里的空气清新，我们过的生活虽然很简朴，精神却很愉快。我们在这里得到了不少的经验。有一天，这些经验将会对社会、对大众有益。”

事实上，爱迪生的电磁气采矿法，现在已被澳洲、挪威、安第斯山和喜马拉雅山的铁矿采用了。

服务社会

FUWU SHEHUI

爱迪生把自己当成了海军士官一样，长期守在海军部工作。

兴办水泥事业

人的一生当中，一定有成功也有失败。一个人失败了以后，还不能了解失败的意义，这个人就再也没有希望了。

爱迪生的铁矿事业，虽然受到很惨痛的失败。但他并不是一蹶不振的人，他很快地又爬了起来，并考虑如何运用既有的经验，重新开创一番事业。最后，他决定兴办水泥事业。

爱迪生的这项选择是对的。以前铁矿事业所需用到的碎石作业、筛石粉、晒干矿石等等，都可以运用到水泥事业上。而且，这时正是美国工业兴盛时期，水泥的需要量在五年内，就已经增加了两倍。

“木材会腐朽，石材和砖块也会崩坏。可是钢筋水泥的建筑，却永久不坏。看古代罗马的浴场，它不是和建立的时候一样地坚固吗？”

爱迪生很起劲地这样嚷着。

可是，爱迪生对于水泥业完全外行。他开始阅读有关水泥的书籍和论文，并且从各方面搜集有关水泥的资料。

不久，马罗利喜气洋洋地来了。

“现在，可以放心了。资本已经筹足了，公司设立的手续也办好了，工厂的用地也找到了，就等着请专门的工程师来设计工厂了。”

爱迪生一听，立刻从书堆里抬起头来，说道：

“由我来设计吧！”

他于是走进设在研究所楼上的制图室，在制图台上，打开了一张很大的纸，一面和马罗利商量着，一面开始设计工厂。他不眠不休地工作，在二十四小时内，就把工厂设计图完成了。

由于从前的水泥工厂灰尘太多，尤其以包装工厂最严重。因此，爱迪生便尽可能地采用机械化作业，防止灰尘满天飞。

爱迪生还把原来高十八米，内径一米半的焙烧炉，改成高四十五米，内径二米七十厘米。爱迪生以小资本开办的水泥事业，能在很短的时间内，发展为美国第五位的大事业，这都是得力于“长炉”的设备，因为炉是水泥工业的生命。

爱迪生还很有把握地说：

“我相信这个炉一天一定能生产一千桶水泥。”

对这个预言，连那位跟爱迪生工作了十几年的马罗利也不敢相信。

“虽然他是一位大发明家，但水泥工业是个传统的生产事业，一下子就想要把生产力增加到五倍，这是不可能的。”

当试验性开工的时候，这个新炉的生产量是一天仅四百桶，爱迪生并不很满意。等到对新炉的操作方法渐渐熟练以后，生产量便达到五百五十桶。不久，更达到了一天六百五十桶的产量。马罗利很得意地到橘山报告，但是爱迪生还是表示不满。

“只有这么一些！真的没有办法了吗？我想，这不能怪炉，而是操作法的问题。那个炉一天一定能生产一千桶的。”后来，经过爱迪生的指导，大家对于炉的操作也更加熟练，生产量达到了九百桶。

最后，终于达到一千桶，甚至还达到一千一百桶，超过了爱迪生所预计的数量。

建设劳工住宅

水泥厂成立以后，由于爱迪生正在研究蓄电池，整天都在橘山的研究所里，所以很少到水泥工厂去。但他只根据工厂送来的报告，就像置身于工厂一样地了如指掌，并且还能加以适当的指导。

爱迪生的记忆力非常惊人。当水泥厂的建设快要完成的时候，爱迪生曾亲自去巡视。火车到了那里，已经是上午十点四十分了。他立即和厂长梅逊，从碎石场开始，沿路非常仔细地察看，当他看完包装房的时候，太阳已经下山了。

在他视察的时候，并没有把所看到的情形记录下来。直到回到橘山的寓所后，才拿出笔记本，把白天所看到的事物，一项一项地记述下来。据说，他凭记忆记下来的，就有将近六百个项目。而且，他还将所有的项目分门别类，然后寄给总监工，要他按照他的指示施工。

爱迪生经营水泥工业果然非常成功。光是水泥工业上和留声机公司的盈余，在短短的三年当中，爱迪生便把铁矿事业的负债，全部还清了。

接着，爱迪生又兴建“注流式水泥住宅”。这是为了要给劳工们清洁、坚固，而且便宜的房子而设计的。

爱迪生所发明的注流式住宅，简单地说，就是先用木材或钢铁做好一定的模型，然后，把水泥倒到里面，一下子就能造好很坚固的房子。

那时，专家们都一致认为：

“水泥不能流到模型里面那些复杂的部位去。而且，混合物里面较重的部分会往下沉，较轻的部分会仍浮在上面。”

但爱迪生不同意这种看法。他立即躲进研究室去实验，终于完成了没有那些缺点的水泥制造法。

爱迪生发明这种方法后，使美国那些仰仗低薪生活的人们，都能够盖起简易的房子。

研究蓄电池

“留声机的发明，可以借精巧显微镜的帮助，使用我们的眼睛和耳朵去研究。可是，蓄电池却看不见，也听不到，只有用我们的心去观察，所以困难就在这里。”

爱迪生后来曾这样说过。

爱迪生那些数不尽的发明里，遇到困难最多，也最费苦心的，要算蓄电池了。他共花了十五年的功夫，才完成蓄电池的研究。

“现在，市面上的蓄电池，还有许多严重的缺点。原先认为可以用铅和硫酸来做蓄电池，这种想法根本就是错误的。”

爱迪生下了这样的判断，可是这也使爱迪生的发明更加困难。因为如此，他不得不抛弃过去的所有理论和经验，独立去开拓前人未踏过的境地。

他刚着手的时候，前途很暗淡。虽然，用各种金属和化学溶液，做了数千次的实验，却始终没有能发现任何有利的线索。

因为做实验时需要精密的操作，不能戴手套，所以，爱迪生手指的皮都被药水侵蚀。晚上睡觉的时候，都得把手伸直才能睡。

虽然这样，但他并没有屈服。要是有人问他发明的秘诀时，他总是回答：

“审慎地思考，然后努力去工作。”

这的确是古今名言，可是能实行的人并不多，爱迪生就是依照这句名言而身体力行的人。

经过实验再实验，都不能得到满意的结果。最后，连马罗利也耐不住性子，向爱迪生抱怨起来。

后来，经爱迪生多次实验，终于发现铁和镍最适合当蓄电池的材料。

“我想，‘自然’它并不是无情的，只要你认真去寻求，它一定不会永远深藏着蓄电池的秘密。”爱迪生就一直秉持着这个信念，努力不懈地从事蓄电池研究。

爱迪生经过十年努力，终于完成了“E型”蓄电池，得到了社会的好评。订货单很快如雪片般飞来，工厂立刻就忙碌了起来。

可是，他在复查报告的时候，忽然大叫了一声：

“哎呀！糟糕了！”

“什么事？所长。”

“你看吧！”

爱迪生抽出一张报告，给部下看。那上面写着：

“成绩良好，但有时电力会降低。”

经过检查，这种不良品在五千个蓄电池里还不到二十个。可是，除非在各方面都达到完美的地步，爱迪生是不会感到满足的。最后，他决定工厂从此停工，直到缺点改良后，才继续动工。

于是，费了好大的功夫才完成的蓄电池，从那天起被弃置不用了，他们又开始了漫长的研究。他们又经过了五年艰苦的实验时期，终于完成了防震耐用的A型蓄电池。

由于爱迪生的蓄电池能耐震，起初一直被用在车辆上，后来由于潜水艇的发达，它的价值更提高了。

潜水艇潜入水底后，是用钢铁制的大桶供给氧气，原来的蓄电池会发生有毒的气体，想要排除是不可能的。自从爱迪生用铁和镍做成没有毒气的蓄电池出现后，潜水艇几乎都采用这种蓄电池。

这种潜水艇用的蓄电池，到底能用多久呢？

爱迪生很有把握地向海军当局断言：

“好好保养并常常给水的话，经过四年以后，它的性能还是不变的。”

“哦，可以用四年？”

海军当局很惊奇地问了一句，爱迪生便很从容地回答：

“是的，四年，或许八年，可能比潜水艇用得久哩！”

A型蓄电池在一九〇九年后开始出售。其后五年，爱迪生开始专心从事自己发明品的改良与完成，并进行其他有关的新发明。

他所有的发明工作中，以圆盘式留声机的完成最迫切，可以说是他的中心工作。他特别花费了七百万美元建造工厂，加紧制造圆盘式留声机。

但是，在一九一四年七月九日晚上，制造圆盘工厂突然失火，六栋厂房很快就被烧毁了，七栋钢筋水泥造的楼房也被火神光顾，由于援救不及，就在一瞬间，所有的设备就化为乌有了。

这次火灾，由于保险金额只有两百万美元，所以爱迪生的损失非常庞大。但在炽烈的火焰及隆隆的爆炸声中，爱迪生一直都很冷静地凝视着消防队员的扑救工作。

火灾后，许多人都来安慰他，爱迪生却很镇定地告诉慰问他的人说：

“我虽然已经六十七岁了，但并没有老到不能重来。我以前也曾经有过很多次的大损失，不过我都幸运地没有时间为了无聊而痛苦。”

火灾的隔天，爱迪生便动员了一千五百人整理火灾现场，重新规划工厂规模。火灾虽然烧掉了爱迪生辛苦经营的心血，却烧不掉他那坚定的意志。

石碳酸的合成

第一次世界大战爆发时，很多人都希望爱迪生能将他伟大的发明力应用到发展武器上去。但爱迪生，却对于人类集体互相残杀的战争，一点儿也不感兴趣，他是一个爱好和平的人。

因此，战争一开始，爱迪生开始做的工作并不是武器的发明，而是要设法拯救产业界。也唯有如此，才能为美国社会和人民，带来更多的福祉。

战争爆发以后，一向由德国进口的石碳酸，来源断绝了。在美国，使用石碳酸最多的要数爱迪生，他为了制造留声机的圆盘，一天要用一吨半的固体石碳酸。同时，石碳酸也是医疗及美术方面的必需品。

爱迪生虽然遇到这个问题，却很从容地说：

“要是美国的煤油，不适合做石碳酸，那就只好用合成法来做了。”

“不过，合成石碳酸的制法很复杂，费用也昂贵。像钻石虽然可以用人工来合成，但总不如天然品，费用也比较昂贵。”化学家们都对以上说法表示反对。但爱迪生是不会因此罢休的，他又钻进研究室内继续研究了。

他照例先收集有关的资料，知道石碳酸的合成法共有六种方式。他立即开始实验，到第三天的晚上，他便发现最好的方式是硫酸酒精法。

方法决定了以后，他立即动员了四十个设计家和化学家开始工作。他将他们分成三班，一天二十四小时轮班工作。他自己也住在研究所里，不眠不休地指挥工作。他们只花了十七天时间，便完成原先需六至九个月的工作，到第十八天时，一天就已经可以生产七百磅的石碳酸了。

其后，他又把工厂加以扩充。到了一九一五年中期，不仅石碳酸可以自给自足，其他所需要的苯、甲苯、石脑油、硅醇、萘等，也都全部能自己供应。

同时，爱迪生还合成了苯二胺，因而拯救了美国的皮革业，使美国的纤维及橡胶工业，不致因缺乏染料而停顿。

为国家服务

一九一五年七月七日，爱迪生接到海军部长丹尼卫寄来的一封重要函件。

当时，海军部正计划增设一个局，主管发明事宜，并用以动员民间的发明潜力。这封信，就是请求爱迪生协助的信。

爱迪生读完海军部长这封来信，心里掀起了一阵感动。

“好吧，为国家做点事吧。”

他很快就回了一封信，表示接受。丹尼卫海军部长接到这封回信后很高兴，于是便亲自到爱迪生的寓所来，经两人商讨后，很快就制订了计划。

十月七日，海军部长便决定组织“海军顾问局”，爱迪生被推为首任的会长。但由于爱迪生表示不希望因事务性的工作而受到干扰，所以将会长的职位让给桑都斯博士，他自己则接受了总裁的职位。

爱迪生的头一件工作，就是战争期间国家资源的大规模调查。尤其是对于能由制造工业方面，转换为军需工业的部分，更是调查得非常详细。这个工作共进行了五个月。

一九一五年年底，爱迪生患了很严重的肺炎。这是他第五次患重病，有一段时间，他曾徘徊于死亡的边缘，病势稍微好些，他便向护士吵着要报纸看。

医生曾劝告他重病初愈之后，最好是到佛罗里达去静养一个时期。但他都置之不理，经过一场争吵，他还是在橘山山顶上，设立了一个小型的研究所，又开始热烈地研究了。

美国参战以后，爱迪生便将发明研究工作，全部交给研究所的助手去做。在这两年期间，他把全部精力贯注在海军方面的工作上。

在爱迪生手下的工作者，有的是从研究所挑选而来的助手，有的是各大学的青年学者，有的是各企业公司的卓越技术人员等，共约五十名。他指挥这群有才干的研究人员，从事战时的发明工作。

丹尼卫部长曾回忆说：

“爱迪生先生就像是自己当了一个海军士官一样，在长久的岁月里，都守在海军部工作。或为了亲自视察应该解决的问题，长期在海上旅行。”

从这一段话里，我们可以看出，爱迪生那种凡事必求彻底的性格。

发明界的迷途儿

战争结束后，重新回到发明家的生活时，爱迪生已经是年过七十岁的人了。

有一天，他忽然大声笑着对朋友说：

“我所涉及的发明太多了，我好像已迷失在那众多的发明里。”

确实，在现代的重要发明里面，几乎可以说，没有一种是他没有参与的。不过，即使是大发明家，也不可能每一件事都成功。

再说，爱迪生的做法，是同时进行许多种的发明。当他发现其中较重要的发明快要完成时，他就贯注全力到那件事上，而把其他的研究在中途搁置下来。

爱迪生曾动手研究过垂直上升式的直升机，但没有成功。

关于这件事情，爱迪生曾在一九二三年的生日时，发表过一段谈话：

“直升机的时代快来临了。我始终相信它会来临的。

“在莱特兄弟还没有试飞以前，有一个叫贝奈特的人寄来一千元，要我做飞机的实验。我便开始去研究直升机，为了要做一个很轻的引擎，曾设计了火药做燃料的内燃机。

“这种内燃机是用经过硝化的电报用纸带做成火药，装在引擎的圆筒里面，然后用电气火花引起它的爆发。

“虽然结果良好，但因为有一个助手受到灼伤，我的头发也被烧到，就没有再继续实验。不过，那也只不过是实验罢了。我现在还是认为那是最好的方法，也是最可能成功的。”

其次是有关无线电收音机的发明，爱迪生自从年轻的时候便喜欢研究无线电通信，他曾发明向疾驶中的火车拍发无线电的方法，获得良好的效果，后来在相当长距离的通信上也很成功。

他也曾在偶然的机会里，发现成为现代无线电收音机基础的电磁波。他曾和助手们研究了约一个月，可惜他在还没有发现电磁波的真正价值之前，就中止这个工作的进行了。

一八八四年，当爱迪生研究白炽电灯的时候，他发现了叫作“爱迪生效果”的奇异现象。假如，他没有发现这种现象，到今天我们还不能收听无线电广播，也没有长距离无线电话呢。真空管就是利用这种现象做成的。

一八九五年，伦琴发现 X光线后不久，爱迪生就和助手做它的追加试验，研究这种因为性质不明，而被伦琴发现命名为 X的奇异光线。他试验了各种化学物质的结晶，结果发现，钨酸钙最能因 X光线而发出荧光，就利用它来做荧光板及荧光灯。

爱迪生被誉为“发明大王”，确实当之无愧，他到一九一〇年为止，所获得的发明专利权，就达到一千三百二十八件，这真是个惊人的数字。

晚年的大发明家

WANNIAN
DE DAFAMINGJIA

有来世也好，没有来世也无所谓，反正我已在我的一生里，尽了我最大的努力。

乐天的爱迪生

爱迪生过了七十岁以后，虽然已是白发皤皤的老人，但仍然神采奕奕，两眼炯炯有神，具有丰富的幽默感，有时仍然不改他喜欢恶作剧的老习惯，而且他对任何事情都保持着乐观的态度。不过，他一旦工作，就会一反平日嬉笑的态度，专心一致于工作上。

曾经有一位所员，很好奇地问爱迪生：

“所长，您打算研究到多大年纪呢？”

“一直到我死的那一天。”他马上毫不犹豫地回答道。

爱迪生精力充沛，是许多人望尘莫及的。他每天除了吃饭、睡觉的时间以外，全部的时间都花在研究实验上。他一天几乎工作十六个小时以上，有时甚至连续工作三四天，等工作结束后，再好好睡上一觉，第二天又继续工作。

爱迪生充沛的体力，他认为是来自饮食得当。他主张烟、酒、咖啡等不宜过量，以保持身体健康，而且他觉得平常人吃得太多了，应该减少到三分之一到四分之一，如此便能青春永驻。

充沛的活力使爱迪生可以长时间不懈怠地工作，他是一个热爱工作的人，所以最厌恶游手好闲的人。因此，每当有新进人员时，老的所员都会告诫他们说：

“想要获得所长赏识，最好的方法便是认真工作，双手要随时保持很脏才行，他最讨厌只做表面功夫的人。”

爱迪生是一位乐天派的人，跌倒了以后，他一定马上就爬起来，拍一拍身上的尘土，又继续朝着目标前进。由于他这种乐观的个性，使他在经历了一次又一次失败的实验后，终于能够获得最后的成功。

泉源般不断的新点子，使得爱迪生有“发明大王”的美称。他一生当中，共有一千多种专利发明，在人类史上写下很辉煌的一页。因此，大家对他如此丰沛的想象力非常钦佩，认为他是一个旷世的天才。

但是，爱迪生并不认为自己是个天才，他认为所谓的天才，是百分之一的灵感，加上百分之九十九的血汗。除了有天赋之外，更需要比他人更多的努力才行。

爱迪生一向很爱护下属。有一次，研究所一位所员，在调查局委员面前把说明弄错了。当委员们质询时无法自圆其说，幸好爱迪生帮他把问题转移，他才渡过这个难关，直到委员走了以后，爱迪生才把错误帮他校正过来。

自从少年时代在火车上被打了一个耳光以后，爱迪生右耳就从此聋掉了。但他却毫不在乎地说：

“耳朵稍微有些聋也是不错的，我可以只听到我想听的话。”

过了七十岁以后，爱迪生的耳聋越来越严重了，所员们每次都要把嘴巴凑近他的耳边，大声地向他报告实验的结果。他听完以后，就会毫不客气地质询详细情形。

爱迪生的质询和批评，即使上了年纪以后，还是那么的犀利。所员们对他追根究底的质询，常会招架不住，但他们仍会据理力争。双方虽然经常争得面红耳赤，爱迪生私底下却很称赞他们，所员们也都由衷地敬爱这位老发明家。

家居生活

格列蒙特的房子陈设很豪华，但随着发明家的头发渐渐地灰白，它也渐渐和主人融为一体了。

夫人的起居间，是一个漂亮又宽敞的房间，里头放着一架钢琴。爱迪生经常喜欢坐在一旁的安乐椅上，静听着夫人弹奏贝多芬的乐曲。

他们的起居室就设在正房的一角，从窗口可以远眺新泽西的美丽山景。通常晚餐后的欢聚以及亲友们的会谈，都是在这里举行。

二楼有一间很大的图书室，书架上摆满了各类书籍，其中有不少是文学类的书籍。

“文学方面你喜欢看些什么书呢？”有人这么问。

爱迪生回答说：

“我年轻的时候，最喜欢看雨果的作品，所以我在西部当服务员的时期，曾被人称为‘维克多·雨果·爱迪生’。不过，近来我认为大仲马的《基度山伯爵》是世界上最好的小说。”

“那又是为什么呢？”

爱迪生马上笑着说：

“大约是十五年前的一个晚上，我遇到一个难题，回到家里后，便独自在图书室里踱来踱去，希望能想出解决的方法。

“就在这时候，我太太也进图书室来，她从书架上拿下一本书，对我说：‘拿去看看吧！这是本杰作。’她给我的书就是《基度山伯爵》。我坐下来读了一会，很快就被它迷住了，不知不觉天已经亮了。

“早上，我到研究所去上班后。说也奇怪，几天来绞尽脑汁都想不通的问题，一下子就解决了。从此以后，我一直认为《基度山伯爵》是最杰出的一本小说。”

晚年的爱迪生，常常喜欢坐在图书室的摇椅上，随兴致所在看看书，经常一看就是深夜一两点钟。

重回岗位

一九二九年，在大西洋城举行电灯五十周年纪念会，欧洲及亚洲各国都派人来参加这个庆典，代表世界上几十亿的人民，向这位大发明家表示谢意。

在坐满各界名流庆祝会的席上，麦娜夫人看出爱迪生的脸色不大好，心里有些不安。胡佛总统演讲完毕后，接着就由爱迪生做简短的致辞。当他致辞完毕，便忽然昏倒了。

麦娜夫人立刻将他扶到休息室，请总统的医生布恩博士来诊治。布恩博士掰开爱迪生的嘴，注入副肾素液后，这位发明家才缓缓地睁开眼睛，坐了起来。

庆祝会开完了，胡佛总统也进来探望。布恩博士保证说：

“总统，放心吧！他现在已经没有危险了。”总统听了才放心，搭上当晚的火车回去了。

可是，第二年的冬天，到佛罗里达避寒的时候，爱迪生又病倒了。

“不要打扰他。周围的一切都不要变动，让他照旧反而好些。”

医生这么说。

他这次患的是严重的肺炎，一拖就拖了好几个月，爱迪生感到很不耐烦。他回到格列蒙特后，大家都认为他已经不行了。

不久，爱迪生却又出现在研究所里。他的脸色苍白，形体瘦弱，背也弯曲了。但面对实验台坐下时，老发明家的脸上又浮现出满足的微笑。

他看着木架上的药品和实验台上的机器，一切都和纽华克时代相同，爱迪生的心思又回到久远的时代去了。

“梅都克拉克多！”突然间，他喊这位秘书问：

“上次说的那张小孩子的照片底片怎么样啦？刚才就说了好几次，要你去叫人给找来，你没听到吗？现在就要用它来实验了！”

这位秘书被训了一顿，高兴得不得了。不久，就听他嚷道：

“老头子康复了，他又在大声叫了。”这个消息立刻传遍了研究所。

这位八十二岁的老发明家，又回到实验室来了，开始他永无休止的研究工作。

落日余晖

爱迪生刚从佛罗里达的别墅回来的时候，显得精神很饱满。他说：

“我至少还要干十五年，到一百岁才能退休。在退休以前，我要把我脑子里的概念，全部研究完成。”

当时，他仍旧在做从空气中抽出氮的研究，但大部分时间，却在从事杂草提炼橡胶的实验。凡是可以提取橡胶的植物，他都拿来实验。

“在这几年里，爱迪生的兴趣一直集中在橡胶上。就是在家里面，一切也都以橡胶为主。我们谈论橡胶，思考着橡胶的事，还做橡胶的梦。爱迪生不许自己脑海有其他念头，因为他觉得这个工作还没有完成呢。

“他除了对现在所从事的工作外，对其他事物都不看、不听，不想、不做。你如果能想象得出，以最高的忘我状态生活的人，那就是爱迪生在工作时的神态了。”爱迪生夫人这样说。

一九三一年六月十一日，爱迪生在大西洋城全国电灯协会的大会议席上，向全世界做最后一次演讲。他在演讲中说：“我想送给各位一句话，那就是要有勇气。我已经活了很长了，我曾亲眼看到历史的演进，也看过好几次社会的不景气现象，但每经过这种情形后，美国却更强大、更繁荣起来。希望各位，也要有勇敢进取的精神，就像各位的祖先一样。自信——然后向前迈进！”

这就是大发明家留给美国少年以及全世界少年的遗言。

爱迪生有一种怪习惯，只要想到任何必须要记下来的事，他也不管笔记本是倒置或是歪斜的，一提起笔来，便只管记了起来。

但这一天，不知怎么的，他的手颤得不能写字。他觉得好像有浓雾在他脑子里弥漫着。他用颤抖的手记下一些记号后，连笔记本都没有收好，就回家去了。

爱迪生回到家里后，有一段时间都是在床上和安乐椅上过日子。当这位老发明家觉悟到，即使是自己恢复了体力，也不能再工作时，他突然丧失了对生的希望，他对医生说：

“假如，我所能做的事，都已经做到结束，我宁愿到那个世界去。与其拖着这个老病无用的身躯，给亲爱的妻子多一个负担，倒不如早一点离开这个人世的好。不然，是没有意义的。我很想去了！”

之后约两个月的时间，这位发明家多半躺在床上，有时也坐在窗边的安乐椅上，昏昏沉沉地过日子。有一次，他硬是要坐到书桌前面，家人便扶他坐到桌子前的小椅子上，但他最后还是趴在桌子上昏睡着了。

生命的火焰，渐渐在熄灭。

“你考虑过死后的生活吗？”牧师问他。

“我不管它。那是谁也不知道的。”他满不在乎地回答。

爱迪生身体一天天地衰弱下来。最后的几个星期，除非是夫人亲手伺候，他对什么营养都不肯摄食的。

有一天，查理·达利和佛列特·奥图两个人，匆匆忙忙地跑进来，说：

“先生！从杂草提炼橡胶的实验已经成功了！”

爱迪生听了，便从昏睡中醒了过来，很高兴地露出满脸笑容。

现在，这个人世间对他已没有什么值得留恋的了，他几乎整天昏睡着。一天，他忽然睁开眼睛说：“哦，那里真美！”

一九三一年十月十八日，他与世长辞了。

丰硕的遗产

“托马斯·阿尔发·爱迪生已于一九三一年十月十八日上午三时二十分逝世。”

这个消息经由他发明的电话及电报、收音机，很快地越过大陆、越过大洋，传遍了世界的每一个角落。

“唉，世界上最伟大的人物，就这样去世了！”

现代人从爱迪生那儿所受的恩惠，是无法估计的。我们真无法想象，假如没有爱迪生，二十世纪的文明将会成什么样子。由于他的天才和努力，现在才能成为光明的时代。

在爱迪生的一生里，光是在美国所获得的发明专利，就有一千零九十九件，加上新型专利和商标的注册，便有一千五百件。另外，再加上在其他三十四个国家所获得的专利，其数目达三千件以上。

爱迪生去世时，仅在美国一地，利用爱迪生的发明而创办的事业资本总额，就多达二百五十多亿美元。

但是，爱迪生所遗留下来的，并不止这些。胡佛总统在他的追悼会上曾说：

“所有的美国人，都接受了爱迪生的赐予。他凭着天才和努力，终于从一个报童、报务员，高升到人类领袖的地位。即使如此，他仍然很谦虚、和蔼，并具有坚忍不拔的精神。

“他的一生告诉我们：在民主主义的制度下，凡是有志气的人，他的机会必定是均等的。这一个事实，将不断地鞭策后辈子弟们追求上进。”

这就是爱迪生留给后世的遗产。他以亲身的经历指示少年朋友，任何人只要怀着爱迪生那样的诚心，像爱迪生那样的努力，必能达成他的目标。

伟大的爱迪生去世当天，即由敬爱他的人将他安放到棺材里。

第二天一大清早，他的灵柩暂被安置在柳安林公园的山谷里，让他可以向他最热爱的研究所，做一次最后的告别。平常门禁森严的大门，这时候完全自由开放供民众吊唁。

两天之间，不分男女老幼，不分贫富，研究所里挤满了成千成万的人们。为了瞻仰他们所敬爱的大发明家的遗容，为了向他做最后一次告别，人们在门前排成一条长龙，等候了几个钟头。

葬礼是在二十一日，在格列蒙特他的住宅举行的。这一天，家里挤满了吊祭的客人，灵柩是用美国国旗覆盖着的。

因为参加送葬行列的人太多了，警察局特别派出警察去维持秩序，另外，还有几名护士在场照料。

当时，经胡佛总统提议，当晚十点钟，美国全国一律熄灯一分钟，以向这位伟人致上哀悼之意。

“有来世也好，没有来世也无所谓。反正我已经在我的一生里，尽了我最大的努力了。”

这就是大发明家爱迪生留给后世的遗言。

爱迪生年谱

公元纪年	年 龄	记 事
一八四七		二月十一日，生于俄亥俄州米兰村。
一八五三	六岁	全家迁居密歇根州的休伦港。
一八五五	八岁	被学校认定为低能儿童，退学返家。
一八五九	十二岁	在大干线铁路的火车上当报童。
一八六二	十五岁	在火车上发行《先锋周刊》，车上的实验室因意外引起火灾。
一八六三	十六岁	在故乡休伦港任报务员。
一八六四	十七岁	开始流浪生活，在中西部各地任报务员。
一八六八	二十一岁	往波士顿任报务员。发明自动表决机，取得第一项专利权。
一八六九	二十二岁	到纽约担任“金价标识器公司”总工程师。开始执行电气技师业务。

公元纪年	年龄	记事
一八七〇	二十三岁	在纽华克开办研究所及小工厂，制造股份表示机。
一八七一	二十四岁	与玛丽·史蒂威结婚。 发明第一个实用的打字机。
一八七四	二十七岁	发明自动电报机、四重电报机。
一八七六	二十九岁	将研究所迁移到明露公园。因发明碳晶粒传话机而做成实用的电话。
一八七七	三十岁	发明留声机。
一八七八	三十一岁	开始研究电灯。
一八七九	三十二岁	十月二十一日，白炽电灯首次大放光明。
一八八〇	三十二岁	发明新式发电机，效率大为提高。 发明电灯的各种附属品、器具及装置等。 在研究所后面的空地研究电车。
一八八二	三十五岁	九月四日，在纽约伯尔街设立第一个配电所。
一八八四	三十七岁	玛丽夫人去世。
一八八六	三十九岁	与麦娜·米拉结婚。
一八八七	四十岁	将研究所迁到新泽西州橘山。
一八九一	四十四岁	研究改良留声机。 发明电影。 使用新式选矿法，经营爱迪生矿山。
一九〇〇	五十三岁	矿山事业失败，从事水泥事业。
一九〇九	六十二岁	发明碱性蓄电池。

公元纪年	年　龄	记　事
一九一〇	六十三岁	完成圆盘式留声机。
一九一二	六十五岁	研制有声电影。
一九一四	六十七岁	研制电话录音机和发明合成石碳酸的方法，并设立工厂。
一九一五	六十八岁	担任联邦顾问局总裁。
一九二九	八十二岁	参加电灯发明五十周年庆祝大会时，突然病倒。
一九三一	八十四岁	十月十八日与世长辞。

图书在版编目（CIP）数据

爱迪生 / 陈文清编写.—西安：陕西人民出版社，2013
（世界伟人传记）
ISBN 978-7-224-10889-7

Ⅰ.①爱…　Ⅱ.①陈…　Ⅲ.①爱迪生，T.A.（1847～1931）—传记—青年读物②爱迪生，T.A.（1847～1931）—传记—少年读物　Ⅳ.①D61

中国版本图书馆CIP数据核字（2013）第243451号

世界伟人传记·爱迪生

编　　写：陈文清

出版发行：陕西出版传媒集团　陕西人民出版社
地　　址：西安北大街147号　邮编：710003
印　　刷：西安市建明工贸有限责任公司
开　　本：880mmx1230mm　32开　7.125印张
字　　数：129千字
版　　次：2014年2月第1版　2014年2月第1次印刷
书　　号：ISBN 978-7-224-10889-7
定　　价：18.00元